东渡码头再扬帆

周成新 著

河南大学出版社
·郑州·

图书在版编目（CIP）数据

东渡码头再扬帆 / 周成新著 . -- 郑州 ：河南大学出版社，2023.4

（院士的足迹 / 刘放主编 . 第一辑）

ISBN 978-7-5649-5415-4

Ⅰ . ①东… Ⅱ . ①周… Ⅲ . ①院士－列传－张家港 Ⅳ . ① K826.1

中国国家版本馆 CIP 数据核字（2023）第 054601 号

DONG DU MATOU ZAI YANGFAN
东 渡 码 头 再 扬 帆

策划编辑	邵培松
责任编辑	聂会佳
责任校对	刘利晓
装帧设计	高枫叶

出版发行　河南大学出版社
　　　　　地址：郑州市郑东新区商务外环中华大厦 2401 号
　　　　　邮编：450046
　　　　　电话：0371-86163953（数字出版中心）
　　　　　　　　0371-86059701（营销发行中心）
　　　　　网址：hupress.henu.edu.cn
印　刷　郑州印之星印务有限公司
版　次　2023 年 4 月第 1 版　　印　次　2023 年 4 月第 1 次印刷
开　本　889 mm×1194 mm　1/32　印　张　7.125
字　数　137 千字　　　　　　　定　价　45.00 元

（本书如有印装质量问题，请与河南大学出版社联系调换。）

序　言

一年多前,河南大学出版社的邵培松先生告诉我,他们准备出版一套100册的"院士的足迹"丛书,主要讲述院士们的成长历程,以及他们学习、工作与生活的故事。当时就觉得,这是一个很有意义、含金量也很高的出版选题。

出版社题旨明晰具体,面向的读者群为中小学生。培养我们年轻的一代从小具有理想追求,具有见贤思齐、锐意进取意识,具有肩负起中华民族伟大复兴的情怀和担当,这需要策划者本身就具备立足当下、拥抱未来的情怀与担当。

习近平总书记指出:"中国要强盛、要复兴,就一定要大力发展科学技术,努力成为世界主要科学中心和创新高地。""院士的足迹"丛书,就是中原大地上的出版人铭记总书记嘱托,并从责任和道义上自觉萌生的同频共振良好举措。这样的图书,一定有广博的资源、广阔的前景和广泛的知音。

  院士是中国科学技术的高端人才，国家瑰宝。不论是中国科学院院士，还是中国工程院院士，他们都是在各自的科技领域，取得系统性、创造性重要成就的专家，为国家和人民做出了突出贡献，并都在各自的科研领域起着引领和带头的作用。在他们中间，既有华罗庚、苏步青、李四光、竺可桢、茅以升等老一代科学家的身影，又有钱学森、王淦昌、程开甲、袁隆平、钟南山等当代科学家形象。他们值得全社会敬重。学习他们，亲近他们，视他们为明星，是我们全民族，尤其是孩子们，都应具备的一种审美标准和价值取向的认同。

  科学素质已经成为当代人基本素养的一个重要标志。一个民族没有全民科学素质的普遍提高，这个民族就很难建立起壮阔的高素质创新大军，难以实现科技成果快速转化。要让科技创新扎根在公众科学素质和能力不断增强的沃土中，在全社会推动形成讲科学、爱科学、学科学、用科学的良好氛围，使蕴藏在亿万人民中间的创新智慧充分释放、创新力量充分涌流，就需要拥有情怀和担当的有识之士，扎扎实实地做好具体的推动工作，包括如河南大学出版社出版的这种"院士的足迹"大型丛书。

序言

　　增强公众科学素质是一项打基础的工程,要注重科学知识的普及,要注重科学思想的传播,更要人们从审美观和价值观上,亲近爱党爱国的广大院士。他们正是以这种爱为动力,以振兴中华为己任,一步一个脚印地迈向科技高地。如果我们从娃娃抓起,在中小学学生中大力加强科学教育,加强科学人的人格人品魅力熏陶,从他们纯洁的心灵上引导自觉热爱科学、崇尚科学,并成为实现科技创新的接力和传承力量,何愁我们全民族的公众科学素质得不到充分提升?

　　"院士"这个题材,在出版界早已不乏开掘者;但这套大型丛书不同凡响处,就在"足迹"二字上,可谓独辟蹊径,别开生面,柳暗花明。相对于那些偏重院士成就光芒的文献型出版物,这套深入浅出、注重可读性的院士丛书重今而更重昔,用的是"倒叙"的思路和创意,溯流而上,追寻院士们一路走过的足迹,特别是他们童年、少年时代的足迹。这些深深浅浅带有童稚气的脚印,或在田埂,或在海滩,或在江边,或在山岭,或在北国,或在南疆,或深陷于穷乡僻壤的泥泞田野,或描画在富庶宅院的地板地毯……忽然想到一部《超人》的电影,超人一发力,让地球倒转,江河与时间倒流,垂垂老矣的院士们岂不是一个个都年轻起来了?青春迸发了?稚气未脱了?这多么有趣而好玩。读者与院士们瞬间消除代沟,院士们"穿越"成了孩子们拉钩搂肩的朋友、哥们儿,有着共同的话题和语言。我想,不单年轻的读者们喜欢,连返老还童的院士自身,也一定会开心不已。这套丛书,创意不凡,清新脱俗。

以地域籍贯来归类院士的标准,比较合理得当,容易使各册院士人物都拥有一种相近的乡土文化归属感。"一方水土养一方人",读院士们的故事,也了解到了一方的风土人情,使得丛书的总体规划设计上具有条理性、科学性,人物也更接地气,便于整体上的思辨、考量和把握。

从体量上把握,给孩子们提供阅读就一定要轻松活泼,图文并茂,规避沉重和生硬说教。每册七八万字,选进七八位院士,每位院士介绍文字万字左右,选取人物最生动有趣的片段,读来好玩有味,自然而然地走进院士的生活和心灵世界,打开自己眼界,让爱科学的种子悄然播种在自己的心田。读者将来不一定都要做科学家,但爱学习、爱思考的习性,会让小读者们眉宇添聪慧,目光愈加清亮有神,从而一生获益。

另外,还有不能不提的,是本丛书的主编刘放先生,他是我20多年的朋友,我在《姑苏晚报》开设的《滴石斋》专栏,他做了十多年的责任编辑,我对他可以说比较了解。他早年做过中学教师，后从事新闻媒体工作30多年，是资深媒体人，与不少两院院士有过面对面的接触访谈。在他的眼中，院士的光环不会炫目遮蔽其目光，而是真实可触摸、可敬可亲可爱的人。而且，刘放涉猎宽泛，修养全面，他所编著的十数种出版物中，有小说，有散文，有诗歌，有访谈对话，有旅游文化，还有少儿读物，所以他比较适合当这类面向中小学生的大型丛书主编。我还听说，他为了这套丛书都打算提前退休，我想，他一定是认清了这套书的价值，积蓄了丰沛的激情，全力以赴。我有理由看好他。

江苏沙洲优黄的黄庭明先生慷慨赞助本项目，彰显民营企业的担当，让人感动，代表出版社、作者以及读者表示感谢。

出版社邀请我为这套100册的图书写一个总序，我乐意为之。在书前为读者号号本丛书的脉，掂掂本丛书的量，说出如是感想。

新教育实验有一个生命叙事理论，认为每个人都是自己生命故事的主人公，也是自己生命故事的作者。能不能把自己的生命故事变成一个伟大的传奇，在很大程度上取决于我们有没有为自己寻找一个生命的原型、人生的榜样。这套书中的院士，是应该可以成为青少年学生的生命原型的。所以，我也会在自己的新教育研究和推广中，适时运用和宣传这套丛书，权作为中原出版人摇旗呐喊。让我们一起为了美好的明天，不负时代，共同奋斗。

朱永新

2020年1月20日

（作者系新教育发起人、著名教育理论家，全国政协副主席，民进中央常务副主席，苏州大学博士生导师。）

目　　录

张光斗：我是中国人，我有责任建设祖国 / 001

钱人元：培养人才是最关键的问题 / 031

吴中伟：爱祖国，惜光阴 / 049

童秉纲：不畏曲折，锲而不舍 / 070

曹楚南：学然后知不足 / 097

章申：我所做的，都是我应该做的 / 117

薛永祺：年轻人切勿"三天打鱼，两天晒网" / 133

吴培亨：铁肩担道义，妙手著文章 / 154

朱敏：胸怀理想、脚踏实地，打好做贡献的基础 / 170

樊春海：只要努力，一定可以做到最好 / 196

后记 / 215

参考资料 / 217

张光斗：
我是中国人，我有责任建设祖国

> 张光斗（1912—2013），江苏张家港人。水利水电结构工程专家、高等工程教育学家，中国水工结构和水电工程学科的创建人之一。1955年当选中国科学院学部委员（院士），1981年被聘为墨西哥科学院外籍院士，1994年当选为中国工程院院士。

　　他参与了三峡、官厅、三门峡、葛洲坝、二滩、小浪底等50多项水利水电工程，拦河筑坝，调水发电。他的一生都与水利工程相伴。即使年纪大了，晚年行动十分不便，他也要坚持每天看一下家中墙上挂着的长江三峡、隔河岩、密云水库、葛洲坝等国家水利工程的照片。2013年6月21日13时42分，我国水利水电事业的开拓者之一，中国科学院、中国工程院两院院士，清华大学教授张光斗，这位101岁高龄的老人告别了他的水利人生，丢下了他曾经辛苦参与建设的水利工程，离我们而去。

　　关于张光斗先生的高贵思想品德和突出成就、贡献，在这里我们可以引用胡锦涛同志2007年4月在张光斗95岁生日时的贺信内容概括：

> 从一九三七年回国到现在，七十年来，先生（张光斗）一直胸怀祖国，热爱人民，情系山河，为我国的江河治理和水资源的开发利用栉风沐雨、殚精竭虑，建立了卓越功绩。先生钟爱教育事业，在长期的教学生涯中，默默耕耘，传道授业，诲人不倦，为祖国的水利水电事业培养了众多优秀人才，做出了重要贡献。先生的品德风范山高水长，令人敬仰！

这封信，不仅总结概括了张光斗一生为祖国江河事业发展做出的巨大贡献，更赞美了他高尚的人格品德，也为我们当代青少年树立了学习的榜样和模范。

少年清贫，立志报国

张光斗，1912年5月1日出生于今江苏省张家港市鹿苑镇西街南仓厅，一个普通的贫困家庭。张光斗的父亲张荔洲当时在与张家港临近的常熟福山镇海关上班，是海关里面的一名小职员。张光斗的母亲姓浦，没有工作，每天负责在家里辛勤地操持家务。张光斗家里兄弟姐妹5个人，全家人的日常生活开支全部依靠张光斗父亲一个人微薄的工资收入来维持。张光斗9岁那年，他的父亲张荔洲突然生病倒下，后来虽然被医生给抢救了回来，但却不能正常工作，只能在家里养病。因为身体，张光斗的父亲不仅丢掉了海关的工作，更失去了从事正常工作的能力。张光斗的父亲在养病的同时，强忍着病痛在家的周围寻找一些临时性的工作来做，所得来的收入，勉强用来养家糊口。

张光斗是家里最小的孩子，上面有三个哥哥和一个幼年夭折的姐姐。大哥张光煋，二哥张光燮，三哥张光霁。幸亏当时他的大哥张光煋已经从无锡市省立第三师范学校毕业，在家乡的晋安小学当校长。大哥的顺利工作使得张家又重新有了一个可以养家糊口的家庭支柱，就这样，张光斗家庭的贫困生活开始得到一点改善。张光斗10岁的时候，他的大嫂周佩珍生了一个孩子，孩子名叫张元春。为了能让大哥安心工作，同时也为了减轻嫂子的家务负担，年幼的张光斗开始主动承担起照顾小侄子的重任。虽然那时的张光斗还小，自己也是个孩子，可一旦照顾起小侄子来，他却是有模有样。就这样，童年的张光斗不仅学会了如何照顾别人，还懂得了什么是责任。

童年时期，张光斗曾经还有过一次大难不死的经历。一天傍晚，他与三哥在河边玩耍，兄弟俩当时一同站在河边木排的条板上。三哥为了逗弟弟开心，故意将条板踩得上下抖动，可由于用力过大，张光斗身体一歪掉到水里去了。因为不会游泳，下沉后他钻到了木排下面，非常危险。幸好当时河边有一位水性比较好的村民及时把他从水中给救了起来。回到家后，母亲问他是怎么掉到水里的。因为怕母亲责怪三哥，张光斗主动承担起落水的责任，说是自己在河边玩耍时不小心掉入水中的。因为他及时勇敢地站了出来，他的三哥当时并没有受到母亲的责罚。由于张光斗是家中最小的孩子，聪明、勤劳、懂事，他在家里很受父母以及哥哥们的疼爱。尽管如此，他在家中却从不撒娇、耍赖，反而更加懂得自爱。

张光斗6岁的时候在晋安小学上学，他知道自己家境贫寒，父母及大哥供他上学不容易，所以学习非常用功，成绩也很好。当时学校里有一位名叫冯范的女体育老师告诉他，只有好好读书，将来才能考上清华、交大这样的著名大学。冯范老师还说，将来最好是当工程师，因为这样才可以更好地建设国家。那时的张光斗还小，虽然不知道什么是工程师，但"工程师"三个字却在他幼小的心里深深埋下了一颗种子，让他牢牢记住了工程师是建设国家的需要。要想让祖国强大起来，就必须好好学习。就这样，当一名建设国家的工程师，成了张光斗小时候的梦想。

小学期间，张光斗很喜欢语文、英语和数学等课程，每天晚上朗读古文，背诵英语单词，而且还特别喜欢解数学难题。通过不断努力，他的学习成绩每年都是全班第一。

1919年，"五四"运动爆发，张光斗7岁。那时的中国非常贫弱，不仅国家贫穷，而且还饱受帝国主义的欺负和蹂躏。老师们经常在课堂上向学生讲授爱国主义，说帝国主义总是欺负中国，英法联军火烧圆明园。中华民族是我们的母亲，什么时候才能真正强大起来？我们什么时候才能不被帝国主义欺负？听到老师们慷慨激昂的讲授，张光斗的内心受到了极大的感染。他知道，要想中国强，不被人欺负，就必须努力学习。从此，他立志要好好学习，将来使中国真正强大起来，不再受别人欺负。

"五四"运动之后，张光斗与同学们一起开展爱国运动。他和同学们一起排着整齐的队伍，走上街头，游行示威，把爱国的传单贴在了镇中心的石碑上。他们高呼打倒日本帝国主义的口号，痛恨日寇；他们提倡国货，抵制、焚烧日货。每次活动，张光斗都是学校里的积极分子。这样的活动，他和同学们断断续续地搞了两三年。

初生牛犊不怕虎。现在想想，他们当年的这些活动是多么危险。当时一旦被抓了，不是被关在牢房里，就是会被拉出去砍头。尽管如此,张光斗和他的同学们却还是不怕。因为他们知道,这样的行为是爱国。爱国不分老幼。即便是小学生,在国家需要或是危难的时候,也一定要勇敢地站出来,用自己力所能及的方式爱国。

发愤图强,学业有成

1924年,张光斗小学毕业。因为家里条件不好,为了能够早日毕业找份收入高点的工作,家里人决定让大哥张光煾带着他去上海报考乙种商业学校。张光斗没有反对,因为他知道这是自己目前能做的唯一一件能改变家庭贫穷、为父母分忧的事情了。于是为考试,他每天都认真学习。入学考试考完之后,张光斗感觉自己考得还不错。随后,他们去拜访堂叔张钟虎,没想到堂叔却说,乙商学校毕业后前途不大,不如去报考南洋附小的初中,说不定以后还能考取上海交通大学。堂叔的一句话,一下唤起了张光斗心中沉睡的梦想。他想起6年前,体育老师冯范曾经对自己说过的话。"我要当工程师!"张光斗在心底一遍又一遍地默念着,都快喊出来了。

那天晚上,张光斗一夜未眠,他和大哥讨论了很久。大哥一开始反对,但后来还是被弟弟求学的真情感动了,决定让他去试试。后来,在堂叔的帮助下,张光斗又顺利报考了南洋附小的初中。

从上海回到鹿苑家中没多久,乙商和南洋附小两个学校都公布了考试成绩,成绩优异的张光斗同时被两家学校给录取了。可正在他高兴的时候,和家里人的分歧却越来越大。母亲坚持认为乙商学校好,不仅上学学费少,三年之后毕业就能上班拿工资养家、娶妻生子。而张光斗自己却执意要去南洋附小的初中上学,因为只有到南洋附小上学,他才能接着上大学,大学毕业后自己就可以当工程师了。最终,因为家里人都非常疼爱他,父母同意了张光斗上南洋附小的请求。但因为上学学费很高,家庭负担大,经过反复商量之后,父母和哥哥们决定节衣缩食,省出钱来供他上南洋附小。

1924年10月,在张家港同乡、上海爱国女校一位女老师的结伴下,张光斗顺利到达上海南洋附小的初中。因为是乡下孩子,又不会讲上海话,且穿的衣服土里土气,部分同学常常取笑他。可是,他却从不自卑,他觉得学生比的应该是学习,而不是穿着。上学没多久,他认识了顾德欢、费骅、张华增等一帮对他很友好的同学,这些同学不仅没有取笑他,还经常在学习上、生活上帮助他。有了这些同学的帮助,张光斗的学习生活非常快乐。

南洋附小的初中管理非常严格,必须按时起床、早操、上课、晚自习、睡觉。平时不许出校门,随身携带的钱必须交给学校老师代管。学校有童子军，所有学生必须参加，参加时必须穿上制服和皮鞋，这是张光斗人生中第一次穿皮鞋。童子军"勇敢、诚实、友爱"的守则深深影响了张光斗。

张光斗考虑到自己家境贫寒，父母克服种种困难供自己上学不容易，只有好好读书、刻苦学习才能对得起父母和哥哥；也只有自己成绩好了，家里人才会继续供他上学。他害怕失学，只能加倍用功读书。那时的张光斗，学习成绩非常优异，在班级不是第一，就是第二。

15岁那年，初中毕业后的张光斗进入上海交通大学读高中。虽然当时家里经济条件并不是很好，但父母疼爱张光斗，不忍心让他辍学回家。他自己也深知学习机会的来之不易，变得越发积极进取。高中期间的主要课程是数理化，还有中英文。张光斗特别喜欢数学、物理，虽然他不喜欢化学课程的死记硬背，但还是照样学习用功，从不偏科，考试分数都很高。

1930年，张光斗18周岁，因为成绩优异，获得了奖学金，他直接升入了上海交通大学。一个穷人家的孩子升入全国著名大学，张光斗的内心沸腾了，全家人沸腾了，他的家乡鹿苑镇都沸腾了。成为工程师，这个缥缈的梦想渐渐清晰起来。进入上海交通大学后，张光斗学习更认真了。晚上、周末、假日都在学习，很少有时间回家看望父母。高年级后因为学校和老师管得不太严格，班上不少同学抄袭作业、设计，而且还在考试时作弊，形成了不好的班风、学风。可张光斗坚决不作弊，也不帮助同学作弊。虽然这样的做法引起了部分同学的不满，但张光斗始终认为自己的这种做法是对的。作弊是一种不诚实的行为，也是一种不尊重他人劳动成果的行为。

张光斗各门课程的考试成绩在班上一直都很优异。在上海交通大学保存的一份学籍档案里，有这样一段记载："学业方面，我校学生都非常努力，无论是在课堂上、宿舍里还是图书馆，处处都能看到同学们刻苦研究、认真学习的影子。特别是顾德欢、刘本慈、张光斗、倪文杰这样的学生，他们刻苦学习的精神最值得全校学生学习！"由此可见，张光斗的刻苦努力、学习成绩优异，当时在学校是出了名的。

1934年，张光斗考取了清华大学水利专业留美公费生，赴美留学。刚到美国时他就遇到了一些不愉快的事。去租房，房主看到他是中国人，就说没有房间了；去理发，理发师看到他是中国人，就不给理了；到大饭店吃饭也一样，看到中国人，服务员就不让进。在美国受到的一系列歧视更加激发了张光斗的爱国心，坚定了他要努力学习，将来为国家富强而努力的人生抱负。1935年8月25日在伯克利留学时，他在写给清华大学梅贻琦校长的汇报信中这样写道："加利福尼亚大学在美国的

东渡码头再扬帆

地位很高，这所学校在美国排名第四，学生有14000人，学科也很多，教学设备完善。学校里的中国留学生大概有140人，这些学生大多学习农业方面的专业。清华大学就我一个人，上海交通大学没有人在这里。美国人对我们中国人非常歧视，常常拿日本欺负中国的事情来嘲笑我们中国人。美国人欺负我们中国人的时候，我只能忍受，自己勉励自己要埋头好好学习，以便将来为国家出力。"面对别人的嘲笑和欺负，张光斗不但没有失去斗志、放弃希望，反而更加坚定了自己努力学习、奋发报国的决心和目标。

在伯克利加利福尼亚大学期间，张光斗8门功课全部是优秀。当时他的老师欧欠佛雷教授曾这样评价张光斗的学习成绩和能力："他在所有课程中的成绩都是最优秀的。张光斗用自己的学习成绩证明了他自己是一名出类拔萃的学生，作为老师，我们很高兴能够拥有他这样的学生。"在完成繁重的课程学习以外，张光斗还于1936年完成了硕士论文 *Design of the diversion works and the diversion canal on the Mokolumne River*（《莫凯勒米河引水工程和引水渠设计》）。这本长达174页的论文，至今仍被收藏在伯克利加利福尼亚大学工学院的图书馆内。

在伯克利的一年时间里，张光斗广泛阅读了美国、印度、埃及等国家的灌溉工程书籍。寒假期间，经老师介绍，他先后参观了胡佛水坝、科罗拉多河引水道工程、加州南部圣华金河谷灌溉工程。参观过程中他坚持边看边想边记录，还撰写了几篇文章寄到国内，投稿到国内的《水利学报》，报道美国加州的灌溉建设和引水工程。通过发表文章，他将国外的水利工程经验和成果传送到国内，让国内的中国人用来学习参考。

1936年5月，张光斗获得了加利福尼亚大学的硕士学位。当时很多人都觉得取得硕士学位后就可以安心回国工作了，可张光斗却并没有这样做。获得硕士学位后，他有了继续学习大坝设计的想法。后来在老师的帮助下，经美国国家科学院院士、国际公认的大坝工程权威萨凡奇先生介绍，张光斗如愿以偿地到美国国家垦务局进行了为期三个月的实习，先后在混凝土坝、土石坝、泄水建筑物、渠道等技术部门工作、学习，学到了很多有关大坝的知识。在代表中国水利学会去哈佛大学参加国际土力学和基础工程学会成立大会期间，张光斗认识到自己在力学和土力学理论领域的不足，他做出了一个惊人的决定：转学到哈佛大学读研究生，学习力学和土力学，以便自己将来回国设计自己的大坝。最终，在获得清华大学汪胡桢、高镜莹两位老师的同意后，经过萨凡奇先生推荐，张光斗如愿以偿地进入哈佛大学工学院当研究生，攻读工程力学硕士学位。他的两位老师分别是哈佛大学工程研究生院院长、应用力学和钢筋混凝土工程专家威斯脱伽特教授和著名的美国土木工程师卡萨格兰地教授。这期间，通过不断的刻苦学习，他在哈佛大学9门课程的考试成绩均为优秀，并展现出了自己出色的能力和非常亲和的个性，先后得到了两位教授的高度肯定和评价。为了能学到更多的力学知识，1936年12月1日，张光斗在向清华大学汇报自己哈佛毕业后的学习计划时，提出了继续到美国垦务局和印度中央垦务局实习，学习坝工及渠工设计的愿望。他恳请清华大学延长他一年的留学期限，以实现自己"求实学"的愿望。

然而，他的这个愿望却因为"七七事变"的爆发，而没有实现。

回国抗战，初显身手

1937年6月，张光斗获得了第二个硕士学位——哈佛大学工程力学硕士。可令他万万没有想到的是，一个月后，1937年7月7日，"七七事变"爆发，日寇发动全面侵华战争，宋哲元将军奋起抗战。海外学子高声呼唤，热血沸腾。美国的报纸上也大量发表中国抗战的新闻，电台不断广播中国抗战的消息。

国家有难。张光斗觉得自己和同学们应该回国为这场战争做点什么。"国家兴亡，匹夫有责"，张光斗爱国心切，他认为如果这场战争中国败了，自己在美国学得再多也毫无用处。相反，只有这场战争中国胜利了，自己才能够在祖国建设中大显身手，张光斗觉得现在应该是自己报效祖国的时候了。

于是，张光斗放弃了原有攻读博士学位的计划和哈佛的奖学金，决定回国参加抗战，走实业救国之路。他委婉拒绝了美国老师的再三挽留，毅然回到了自己的祖国。他要用自己的知识为中华民族的抗日贡献一份力量。

1937年11月到1940年6月，张光斗在四川长寿龙溪河水力发电工程处任设计课长。1940年7月至1942年12月，在四川万县任瀼渡河水力发电工程处主任，先后在四川建成了一批小型水电站，为长寿和万县的军工生产提供了电力，支援抗日战争。1937年至1942年，由他负责设计的桃花溪、下清渊硐、仙女硐和鲸鱼口等水电站，虽装机容量很小，只有600千瓦至3000千瓦，但这却是中国人民完全依靠自己的力量设计、施工建成的第一批水电站，为中国水电事业的发展开辟了道路。

1943年3月，国民政府资源委员会派张光斗去美国田纳西河流域局和垦务局考察和学习大型水电站的工程技术。由于他认识到理论联系实际的重要性，并从实际工作中深深理解了设计人员不懂施工是做不好设计的这个道理，到美国后，张光斗吃住在工地，一个工程一个工程地看，一道工序一道工序地学。白天在工地边看边问，向有经验的工程师、工人请教；夜晚在宿舍内学理论、查资料，把白天所看到、听到的知识从理论上搞清楚,从而把感性认识提高到理性认识,以便指导自己日后的工作实践。就这样日积月累、年复一年,张光斗的基础理论知识越来越坚实,工程经验越来越丰富,这些都为以后他在工作中能创造性地解决实际工程问题打下了良好的基础。

同甘共苦,夫妻情深

1939年10月张光斗和钱玫荫新婚后的合影

1936年,在哈佛大学读书的日子里,经上海交通大学同学张仁滔介绍,张光斗与上海沪江大学的学生钱玫荫开始交往,并有书信往来。可惜,交往没多久,抗日战争爆发,两人之间的通信被迫中断。直到1938年春,两人才恢复书信来往。

钱玫荫,1915年11月16日出生于江苏省句容县,幼年时期随母亲张守知住在句容外婆家中。1921年移居上海,1922年在沪东公社小学读书,1928年小学毕业,并考取苏州惠灵中学,1934年高中毕业,考取了上海沪江大学社会学系。1938年大学毕业,在沪江大学附中做老师。钱玫荫的父亲钱振亚,著名的社会学家,上海沪江大学教授，主办沪东公社，1934年因病逝世。钱玫荫兄弟姐妹8人，她是家中最大的孩子，她的下面有1个弟弟、6个妹妹。她的母亲张守知1968年因病逝世。

张光斗与钱玫荫见面时，钱家只有钱玫荫一个人在工作，她刚从沪江大学社会学系毕业，在沪江附中当老师，靠父亲的人寿保险赔偿金和她微薄的工资支持弟弟妹妹们上学，家庭经济并不宽裕。而张光斗也毫无保留地向钱玫荫讲述了自己的贫寒身世。

患难见真情。家庭条件并没有影响到两个人之间的感情，反而增进了两人之间的相互了解。最让张光斗感动的是，钱玫荫支持他去当工程师，支持他的爱国行动。而她自己，作为一名大家闺秀、沪江大学的高才生，并不留恋大城市里的舒适生活，而是决心和未来丈夫一起去参加抗战工作。

1939年10月15日，张光斗与钱玫荫在四川袁家坪举行了结婚典礼。一位上海姑娘独自一人来到四川山区，而且是长期居住在水利工地，非常不容易。两人结婚后不久，住进了龙溪河工程新建宿舍，因为条件艰苦，两个人并没有出去旅行，而是在水利工地周边的山上走走、转转。日子虽然艰苦，但能够为祖国抗战做贡献，两个人觉得苦中有乐，十分开心。

1940年，张光斗调入万县瀼渡河水电工程处当主任。从万县到瀼渡镇，木船走上水，由船夫拉着，要走一天，到瀼渡镇时已经天黑。因为工程处没有房子，夫妻两人只能租住佃户住的小屋。地方很小，大门外面是晒的牛粪，臭不可闻。为了支持丈夫的抗战工作，钱玫荫仍然坚持跟随，也因此吃尽了苦头，但她苦中作乐，还鼓励丈夫要努力工作。

1941年，钱玫荫生孩子时出现难产状况，由于接生孩子的人没有经验，钱玫荫因血压高而昏过去，女婴出生后窒息未能救活，幸好钱玫荫转危为安。由于工程紧张，张光斗不得不暂回工地工作，这期间，他一直不在妻子身边。

1942年，国民政府资源委员会派张光斗再次去美国学习大型工程建设。离家赴美后，钱玫荫一个人独自在国内生活。张光斗几乎每天写信给妻子，讲述自己的思念之情及在美国的一些情况。当时因为通信不方便，到美国几个月后，张光斗才收到妻子的来信。信中妻子告诉张光斗，她于10月30日生了一个儿子，母子平安。得到消息后的张光斗既高兴又不安，高兴的是自己当父亲了；不安的是，妻子第二次生孩子，自己又没有在身边照顾她，她一个人在国内既要工作，又要带孩子，肯定会有很多困难，而自己却不能帮忙。

正是因为有了家人在背后的默默支持，张光斗才能安心、踏实地在外学习、工作。

辞绝赴美，拒赴台湾

1945年4月，国民政府资源委员会命令张光斗回国参加筹建三峡工程。回国后，张光斗先后担任了全国水力发电工程总处副总工程师兼设计组主任工程师、总工程师，参加三峡工程的勘测和规划工作，并与负责三峡工程设计的美国垦务局工程师进行技术上的联系。他认为在当时的条件下修建三峡工程是不可能的，主张先建设一批中型水电站。在他的推动下，岷江、黄河上游、资水、翁江、钱塘江、古田、华中等八个水电勘测处（队）和上清渊硐及古田溪两个水电工程处相继成立。在广大工程技术人员和工人的共同努力下，取得了大量关于水电站建址的宝贵资料。但当时的国民政府无力修建这些水电工程，直到中华人民共和国成立后，这些宝贵资料才得以发挥作用。1947年底，美籍总工程师柯登期满回国，临行前多次邀请张光斗跟他一起去美国工作，但张光斗却拒绝了，因为他立志要留在国内为祖国、人民服务。1948年底，国民党政府机关纷纷撤离南京。就在这个时候，张光斗很多在台湾的同学也纷纷来信，催他去台湾工作，可都被张光斗给拒绝了。他认为自己的事业在新中国，坚持要留在南京，并劝说当时与他一起的工程技术人员一同留下等待全国解放。当时，国民党政府要求他把技术档案和资料图纸装箱送资委会转运台湾，在中共地下党的领导和协助下，张光斗巧施"调包计"，将这批技术档案和资料巧妙地保存了下来。中华人民共和国成立后，他将这些资料全部捐赠出来，成为新中国"一五"期间水电建设的重要依据。此外，张光斗还团结了一批水电工程师投身新中国的水电建设，使中国在经济建设恢复时期能很快着手建造一批中型水电站。对此，国务院燃料工业部陈郁部长曾代表政府对张光斗的这些行为表示感谢。

建国之初，执教清华

1949年10月，张光斗到清华大学任教，随后一直在清华大学工作。在此期间，他不仅要在学校里从事教学工作，而且还要兼任国家重大水利水电工程的技术顾问。

建国初期，他曾经兼任黄河水利委员会、官厅水库工程局、东北水利总局等的技术顾问。1950年上半年至1951年上半年，他先后给学生开设了水工结构、农田水利、水力发电工程、水利施工、水力机械等课程，通过理论联系实际，使用从美国带来的工程施工实况幻灯片、进行生产实习等方式，在增加学生对课程内容的感性认识、激发学生学习兴趣的同时，增强学生解决实际问题的能力。1951年，张光斗负责黄河人民胜利渠渠首闸的布置和结构设计任务，首次在黄河下游破堤取水成功，为下游引入黄河水进行灌溉开创了一条行之有效的道路。这项工程将黄河里的水引到两岸农田，这是中国人民几千年来首次大胆的尝试。由于该工程进水口布置合理，渠道冲淤、排灌、防止盐碱化等问题解决得比较好，几十年来运行情况良好，为河南新乡地区农村彻底改变面貌提供了良好的水利条件。

1952年，在他领导下的中国科学院水工研究室，率先在国内开展了高速水流和泥沙运动的研究。在此期间，他开始兼任长江流域规划办公室、水力发电工程总局等的技术顾问。1952年，高等学校院系调整，清华大学成立水利工程系，张光斗出任系副主任兼水工结构教研组主任，带领全体教师学习苏联先进经验，进行教学改革。他在国内创建了水工结构和水电工程学科，开设水工结构专业课，编写了国内第一本《水工结构》中文教材并进行讲课，指导课程设计、生产实习、毕业设计，建立了国内最早的水工结构实验室，培养了国内首批水工结构专业研究生。由于他在领导清华大学水工结构教研组进行教学改革中成绩卓著，1956年中华全国总工会评选他为全国先进工作者。1954年张光斗加入九三学社。1955年，张光斗被聘为中国科学院学部委员，并兼任中国科学院水工研究室主任。1955年至1956年，他多次应邀参加毛主席主持召开的最高国务会议，并建议

东渡码头再扬帆

85岁的张光斗在电脑前一边手持放大镜一边打字

在"农业六十条"中增加发展小水电一条目,被政府采纳。1956年,他光荣地加入了中国共产党。1956年至1959年,他先后参与制定国家"十二年科学技术发展规划"和"技术科学远景发展规划"。张光斗从长期实践中认识到技术科学对一个经济实力不十分雄厚的国家的发展是十分重要的,为此,他在《人民日报》上发表了一篇有关科学发展的重要文章,并得到当时主管科技工作的聂荣臻副总理的充分肯定。国家科委成立专家组,在技术科学专家的共同努力下,制定了我国技术科学中长期发展规划。张光斗出任国家科委水利专家组和水利学科组两个组的副组长,为实施我国水利科学规划做出了贡献。

1958年7月,水利电力部和清华大学合办水利水电勘测设计院,张光斗出任院长兼总工程师。他负责设计我国华北地区库容最大的密云水库。密云水库为潮白河下游防洪、灌溉和缓解首都北京供水紧张状况,起到了极为重要的作用。他在设计中大胆创新,采用了大面积深覆盖层中的混凝土防渗墙、高土坝薄黏性土斜墙、土坝坝下廊道导流等革新技术，这些技术措施在当时均属国内首创。在周恩来总理亲切关怀下，20余万民工努力工作，水库1年拦洪，2年建成，这在世界上也是不多见的。当年周恩来总理赞誉密云水库是"放在首都人民头上的一盆清水"。为此，毛主席、朱总司令都曾经接见过张斗光。1963年，他指导研究生率先在国内开展了混凝土坝抗震理论研究，并进行了现场大比例尺模型试验。

1970年初，张光斗身体终于支撑不下去了，患上了肺结核，一病就是半年多。

1971年，张光斗到了张卞公社帮助修水库和饮水工程。为解决地方水含氟、山区人民喝水易得软骨病等问题，他带领学员查勘坝址，爬山看岩层土质。与学员们同甘共苦，吃高粱米饭和盐水萝卜，睡堆满稻草的破窑洞。凭着自己丰富的专业知识和不怕吃苦的干事精神，帮助山区人民修成了水渠。

1973年，张光斗率中国大坝代表团赴西班牙，参加第十一届国际大坝会议，经代表团多方交涉，据理力争，我国终于取得了在国际大坝委员会的成员国地位。

1976年唐山地震，密云水库白河大坝上游保护层发生局部坍滑。抗震加固指挥部领导要求张光斗到密云水库工地工作，接到电话后，张光斗不顾年老体弱，星夜兼程赶回北京。他始终以人民的事业为重，全身心地投入工作。

东渡码头再扬帆

拳拳之心，江河作证

1978年起，张光斗先后被任命为清华大学水利工程系系主任、清华大学副校长，同时兼任中国科学院、水利电力部北京水利水电科学研究院院长等职。在此期间，又相继有中国国际工程咨询公司、西北水利水电勘测设计院、成都水利水电勘测设计院、中南水利水电勘测设计院和贵阳水利水电勘测设计院等聘请他为技术顾问。

自20世纪50年代以来，张光斗曾先后为官厅、三门峡、荆江分洪工程、新安江、丹江口、葛洲坝、二滩、小浪底、三峡等数10项大中型水利水电工程提供技术咨询，对工程枢纽布置、结构设计等提出了许多极为有益的建议。为中国水利水电事业的发展做出了重要贡献。他曾对一位友人说："我愿把自己全部的本事使出来，让祖国用得上。"

关于葛洲坝工程，他提出开挖原处于江中的葛洲坝岛，以增大二江泄洪闸和大江电站布置的建议。这一建议对改善枢纽水流及河势，保证大江截流和扩大电站装机，具有战略性意义。丹江口水利枢纽，当大坝混凝土浇筑出现问题时，他当机立断上书中央，陈述自己的意见。中央有关部门对他的意见高度重视，及时对丹江口大坝采取了停工整顿措施，重新加固了大坝。事后，有位专家深有感触地说：若不是张光斗提出建议，后患无穷。二滩拱坝枢纽布置，他坚决主张坝内、坝外多种方式结合的泄洪方案，并形象地将此方案比喻为"不能把所有鸡蛋都放在一个篮子里"。这个比喻一直被同行专家们传为佳话，这个方案的采用对保证枢纽运行可靠、确保大坝安全起了极为重要的作用。为了祖国水利水电事业的兴旺发展，他从1937年开始，直至古稀，数十年如一日，深入工地，钻坑道、爬陡崖，掌握现场资料，帮助解决设计中的各种难题。从黄河上游的龙羊峡、拉西瓦，到长江中下游的葛洲坝、隔河岩、三峡，从雅砻江的二滩到红水河的龙滩，祖国大地从东到西、从南到北各大水电站的坝址，几乎都留下了他的足迹，让他为之付出过辛勤的劳动。他还多次主持或参加审查小浪底、二滩、三峡、南水北调等国家重点水利水电工程设计。他热爱祖国的水利水电事业，兢兢业业为之奋斗。他对事业尽心尽力、极其认

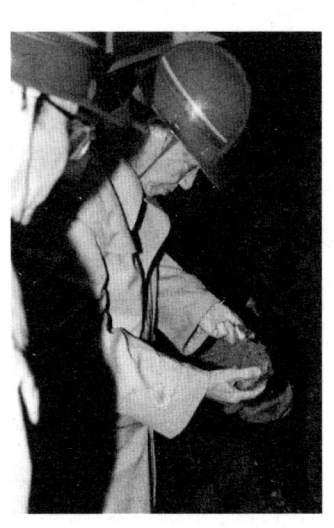

1995年10月，83岁的张光斗赴小浪底水利枢纽工程工地，连夜查看大坝黏土质量

东渡码头再扬帆

真负责的精神,给中国水利水电工程界的同行们留下了深刻的印象。

1981年,张光斗到墨西哥参加国际会议,并为该国几座水利工程提供技术咨询,由于他的咨询建议对工程建设极为有益,墨西哥科学院为感谢和表彰他对墨西哥水利工程建设事业的贡献,特聘请他为墨西哥科学院外籍院士。1981年,美国加利福尼亚大学为表彰张光斗从加利福尼亚大学毕业后在水利事业上所获得的成就,特授予他1981年度的"哈兹国际奖",这是中华人民共和国学者首次获取这一奖励。1981年在中国科学院技术科学部年会上,张光斗提出建议,成立中国工程院。1982年,他与美国克劳夫教授合作,在我国安徽响洪甸和广东泉水两座拱坝进行了现场起振器激振测振试验研究,提出了有价值的研究报告。1982年张光斗再次率团到阿根廷参加世界工程师联合会年会,并使我国在此次年会上取得了成员国的地位。继1973年获得在国际大坝委员会的成员国地位后,我国已在两个重要国际工程学术组织中取得地位,这为工程界面向世界提供了两条重要的渠道,并维护了"一个中国"的严正立场。1985年,由他参与领导的科研工作成果《地质力学模型试验技术及其在坝工建设中的应用》,获年度国家科学技术进步二等奖。1989年11月21日,他与陈志恺上书中央,说明我国水资源问题日益严重,而在水源建设上又缺乏一个良性运行机制，政府应尽早采取有效对策。他建议：把水利列为我国经济建设的战略重点，与能源、交通等并列对待，调整水利政策。江泽民同志和陈云同志都对他的上书作了重要批示，充分肯定了建议的重要性。1990年9月1日，李鹏同志代表国务院明确指出："要重视水利的发展，要从战略高度来认识水利的地位和作用，要把水利作为国民经济的基础设施和基础产业，并在'八五'计划安排中加以体现。"这样，在张光斗及众多水利工作者的共同努力下，水利建设终于取得了在国民经济发展建设中应有的战略性地位。

长江三峡水利枢纽是治理和开发长江的关键性工程，张光斗是60多年来三峡工程规划、设计、研究、论证、争论，直到开工建设这一全过程的见证人和主要技术把关者。1993年5月，张光斗被国务院三峡工程建设委员会聘任为《长江三峡水利枢纽初步设计报告》审查核心专家组的组长，主持了三峡工程初步设计的审查。在汇集10个专家组、126位专家意见的

张光斗在办公室浏览当天的报纸和信件

基础上，他慎重研究，反复推敲，逐字逐句地核定最终审查意见。

三峡工程开工时，张光斗已经80多岁了，但是他每次都必须亲自到达施工现场。考虑到他年纪太大，大家总是劝阻他到一些高空和可能发生危险的地点去。但这些劝阻总是无效。他的一句口头禅是："工人能去，我为什么不能去？"2002年4月，90岁的张光斗第21次来到正在兴建的三峡大坝。这一次，他依然登上了近60米高的大坝导流底孔检查。眼睛看不清，他就用手去摸孔壁。之后张光斗在质量检验总结会上极力坚持修补导流底孔，以确保工程质量。在场的人们望着脚穿套鞋、头戴安全帽的老人瘦弱的身影，一个个感动得说不出话来。张光斗说，现在三峡工程能够蓄水135米，是一件了不起的事情！这表明，我国有能力建设世界上最大的水利工程。

2006年6月6日，拆除大坝围堰的"天下第一爆"标志着举世瞩目的三峡工程开始正式发挥巨大的防洪效用。94岁的张光斗已经无法到现场，他坐在北京家中的电视机前收看爆破拆除三峡大坝围堰的电视直播，像在现场一样，认真地关注着每一个细节。当礼炮般的爆破声响起之时，94岁的他激动地站起身来……

功高德隆，水电泰斗

20世纪90年代初开始，张光斗每日伏案疾书数小时，克服年老视力上的困难，手持放大镜重新著书立说，经过数年的辛勤努力，他相继于1992年、1994年、1999年出版了《水工建筑物》上、下册和《专门水工建筑物》等3部专著，以此作为他对祖国工程教育事业的再次奉献。

到1994年，经10多年的努力，随着国家工程技术的发展和新需要的出现，张光斗与王大珩等6人向党中央、国务院提交成立中国工程院的请示终于得到批准，中国工程院正式成立。张光斗被聘为首批中国工程院院士。1998年张光斗等人又向中国工程院建议，设立"中国可持续发展水资源战略研究"咨询项目，得到工程院的同意和国务院的支持。中国工程院成立了由钱正英任组长、张光斗任副组长的项目综合组，组织43位两院院士，300多位专家，历经两年的工作，提出了综合报告和专题报告，为我国可持续发展水资源提出了总体战略，得到国务院领导和水利部的重视。1999年国务院三峡工程建设委员会成立三峡枢纽工程质量检查专家组，钱正英任组长，张光斗任副组长；每年两次到工地检查工程质量，年近90的老人在工地还爬脚手架、下基坑，对工程质量一丝不苟的敬业精神深深打动了每位工程建设者。经过全体建设者的共同努力，三峡工程质量逐年提高。张光斗历来非常重视教学工作,经常走上讲台,以身示范,即使到了耄耋之年仍亲自给学生讲水工概论和水资源可持续发展课。老教授对教学工作的敬业精神和深入浅出的透彻讲解,使听课的学生深受感动和教育。张光斗教学50多年,学生近5000人,目前许多人已经在我国水利水电建设事业中做出了突出的贡献,成为国家水利水电事业的栋梁之材。2001年,为了表彰他在教学工作中的突出贡献,以张光斗为第一申报人的《紧密结合重大水利水电工程建设,培养具有创新能力的高层次人才》的教学成果,被评为全国高等学校优秀教学成果一等奖。

自1955年以来,张光斗还相继担任过中国水利学会副理事长、《水利学报》主编、中国科学院主席团成员兼技术科学部副主任、中国工程院主席团成员、《中国科学》和《科学通报》副主编、国家科委水利学科组副组长、国家教委直属高等工科院校教育研究协作组组长和世界银行贷款第一个

2000年张光斗在三峡工地检查工程质量

大学项目中国专家审议委员会主任、北京市政府水资源顾问组组长、北京市科协副主席、国务院学位委员会副主任等职。张光斗曾经任第三届全国人民代表大会代表，全国政协第五届委员和第六、七届常务委员会委员，北京市政协第五、六届副主席。

张光斗几十年如一日，勤勤恳恳为祖国的水利水电建设、科研、教育事业辛勤耕耘，硕果累累，为了表彰他的功绩，何梁何利基金会于1996年授予他何梁何利基金科学与技术进步奖，1996年中国工程院授予他工程成就奖，2001年中国水利学会授予他功勋奖，对他在中国水利水电事业发展中所做的卓越贡献给予了充分的肯定。

2002年6月1日，年逾九十的张光斗院士获得了光华工程科技奖成就奖，奖金100万元人民币，成为第一个获得此项殊荣的工程科学家。不过张光斗在接受采访时说道："得这个奖我觉得很惭愧，我感到受之于人民多，为人民工作得少。"他谦虚的品格，令人肃然起敬。

张光斗的心中还有许多没有完成的愿望。2005年8月13日，他给女儿写了一封信："人生就是为人民服务，为后人造福。我一生为此努力，但贡献不大。中国人口众多，人均水资源只有世界人均的四分之一，而洪涝干旱灾害频发，我93岁，生活能自理，头脑清楚，无大病，是很不容易的。我还想为人民做些工作，对工程和

东渡码头再扬帆

张光斗行走在清华大学校园里

国事写些文章……"

从抗日战争时期在四川为军工生产建设一批小型水电站，到三峡大坝全线建成，张光斗的身影伴随着当代中国水利水电事业的发展历程。在为国家水利水电事业工作的70个年头里，张光斗的言行展示了一个现代中国知识分子的形象：爱国、奉献、正直、敬业。终身爱国，矢志不渝，这就是张光斗先生留给我们中国人最宝贵的精神财富。

钱人元：
培养人才是最关键的问题

> 钱人元（1917—2003），江苏张家港人。物理化学家、高分子物理学家、教育家，中国高分子物理与有机固体科学的开拓者和奠基人。1980年当选为中国科学院院士。

2017年9月19日，是我国著名化学家、中国科学院院士钱人元先生的百年诞辰。中国科学院化学研究所在化学所5号楼会议室举行"纪念钱人元先生百年诞辰座谈会"。会上，中国科学院大学博士生导师张德清所长主持会议。他说："今天是我国著名化学家、化学所老所长钱人元先生的百年诞辰纪念日，我们怀着无比崇敬的心情聚集一堂，缅怀钱先生热爱祖国、服务人民、追求真理和献身科学与教育事业的光辉一生，弘扬钱先生追求卓越、开拓创新的科学精神，也激励年轻的科研人员和研究生学习钱先生献身祖国科学事业的奉献精神，为攀登世界科学高峰、服务国民经济主战场和国家重

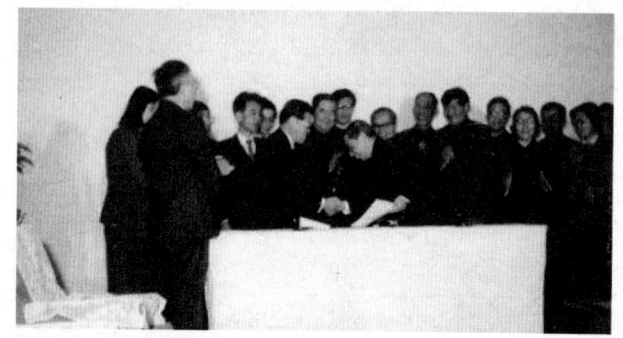

1982年，钱人元教授和井口洋夫教授签署合作协议

大需求做出更大的贡献。钱先生是化学所的建所元老，从1956年到2003年将近半个世纪的时间一直在化学所工作，为化学所的建立、发展、壮大付出了全部的心血和毕生的精力，值得我们永远怀念和敬仰。"

钱人元先生曾任中国科学院化学研究所所长，作为科学家和教育家，他开拓和建立了我国高分子物理化学、高分子物理和有机固体等基础研究领域和研究队伍，和王葆仁先生共同在中国科技大学创建了我国第一个也是世界第一个高分子化学与物理系，为我国高分子学科的建设和发展做出了巨大的贡献。

名门之后，立志报国

钱人元，1917年9月19日出生于今江苏省张家港市杨舍镇乘航。父亲钱育仁，字南铁，早年追随孙中山，擅长写骈文和诗词，曾经担任虞社（社员遍布全国的诗文社）社长，编辑出版过诗文刊物。钱人元童年时期就受到父亲的爱国情怀影响，立志勤奋学习，走振兴中华之路。

在家乡读完小学，1931年，钱人元从常熟孝友初级中学毕业后，进入苏州中学化工科学习。苏州中学化工科主要培养从事化学工业的技术人员，当时学校里面有实验工厂供学生实习。勤奋好学的钱人元深刻体会到将课本上学到的知识与实验相结合的重要性，为了能够多学到知识，每次实验时他总是第一个到实验工厂，最后一个离开实验工厂。就这样，在实验工厂，钱人元学到了很多有关制造肥皂、蜡烛、油漆和皮革的知识，正因为有了这样的学习方式和学习收获，钱人元不仅对化学产生了兴趣，而且对理论与实践相结合有了更加深刻的体会。

1934年，钱人元从苏州中学高中部毕业。1935年，他以优异的成绩考入浙江大学化学系。怀着对无线电和电子学的浓厚兴趣，大二时，他与几个志趣相投的同学一起，在宿舍里设计、安装业余无线电台，并先后与国内各地及日本、菲律宾、新西兰等业余无线电台进行通话。大四时，由于日本的全面侵华，浙江大学转移到了广西宜山，国难当头，钱人元的学习报国之志更加坚定。他选修了著名核物理学家王淦昌先生教授的近代物理学课程，与王淦昌教授曾经尝试着用照相底片法寻求核裂变产生的核径迹，也曾经尝试过用中子轰击雷酸镉来引起爆炸。他和王淦昌教授曾不顾空袭的危险，坚持到龙江对面存放仪器的木棉村去开箱做实验，目的是为前方的将士们研究出高性能的炸药。钱人元虽然是化学系的学生，但他的物理学成绩比很多物理系的学生还要优秀。

由于在校期间成绩优秀，1939年，钱人元毕业后留在学校，被王淦昌教授破格聘任为物理系助教。那时，国际上刚刚发现核裂变现象，在王淦昌教授指导下，他开展了铀核裂变方面的研究。毕业一年后便以"重核分裂"为题，在《科学》杂志上发表了铀核分裂方面的学术文章。

1940年至1943年，钱人元在昆明西南联合大学理化系任助教，并旁听物理课程，随张青莲教授进行有关氘和氧组成的重水密度的研究，并与当时知名的科学家杨石先、张文裕等人有教学、研究上的交往，因而在物理和化学两方面均得到培养。受抗日战争影响，学校经费困难，实验室缺少大量的仪器、设备，为了能够为国家培养人才，钱人元想方设法自己收集材料，先后制作了电磁继电器、恒温水浴、恒温细菌培养器等许许多多的教学仪器、设备，展现自身优异科学成绩的同时，更解决了学校教学设施不足的问题，为学生试验、教师教学提供了很大帮助。

有着无线电、化学和核物理三个学科方面的综合背景，1943年钱人元被推荐到美国留学，当时他主攻放射化学，但同时也兼学物理学和数学。留学美国期间，钱人元给自己规划了一条独具一格的求学之路，他在加州理工学院化学系学习一学期后，于1944年到威斯康星大学化学系做研究生，并担任研究助教。其间，他还学习了物理课程和数学课程。理论物理和复变函数等课程对他影响很大。1947年，他又到依阿华州立大学化学系学习一年。

在威斯康星大学的3年，钱人元成功地设计并制造出了分子偶极矩精密测定仪，此后的十几年间，这台仪器的电子线路设计始终保持着"最佳设计"的纪录。这种跨学科的学习和全面的科学实践，为他以后在科学研究上的发展和成功打下了坚实的基础。

钱人元先生生活照

东渡码头再扬帆

家国为重，投身祖国

1948年，中华人民共和国成立前夕，受到当时厦门大学化学系主任卢嘉锡的邀请，钱人元放弃了国外优越的工作条件，毅然回到祖国，先后在厦门大学、浙江大学、中国科学院等单位从事物理、化学研究。1956年，中国科学院决定在北京创建化学研究所，钱人元受命带着高分子科学研究成果和队伍奔赴北京，参与了中国科学院化学研究所的筹建；在随后的47年，钱人元一直在化学所从事科研教学工作，为化学所的科研事业开辟出了一片新天地。

"创业"初期，国内仪器工业落后，又受西方的全面封锁，没有经费、没有人员，钱人元带领研究人员自己动手设计制作仪器。20世纪50年代中期，他领导研制出了光散射仪、示差折光仪、自动分析仪、高频滴定仪。仅仅花了7年时间，就实现了当时国际上正在使用的全部高聚物分子量和分子量分布相关的精密仪器的齐备及测定方法的建立。1957年，钱人元与他的团队收到国际组织发给世界各国国家级研究机构，用来进行共同测试的3个聚苯乙烯试样，事实表明，钱人元指导下的测定结果是最值得信赖的。当时，钱人元带领科研人员所做的许多努力使化学所在全国率先拥有了自行研制的精密仪器，快速地推进了研究所在高分子科学方面的研究步伐，也使我国在该领域的研究达到了国际先进水平。

不仅如此，在困难年代，钱人元面对内忧外患，大力发扬自力更生精神，使自制急需的精密仪器成为中国科学院化学研究所的一种风尚。这既为化学所开展新的研究争取了时间，又为研究成果向社会推广创造了条件，为国家节约了大量外汇。

开拓创新，专注科研

讲学、著书、开培训班、设计制造基础设备……钱人元倾注毕生心血，建立了国内高分子物理、有机固体基础研究体系，是该领域研究和教学的奠基人。

1953年，钱人元在中国科学院上海有机化学研究所工作时，开创了我国高分子物理研究领域。1958年，中国科学院在北京创建中国科学技术大学，他与高分子化学家王葆仁先生共同创建了国内第一个高分子系，亲自编写教学大纲和讲义，并第一次在国内讲授高分子物理课程。后来，他在化学所组织高分子材料剖析班等各类学习班，为学校和科研、生产单位培养了大批科技人才。

由于在数学、物理学和电子学上有深厚积累，钱人元得以带领研究人员和学生不断开展和探索新的研究课题，研究内容涉及高分子的分子量测定、溶液性质、链结构表征与剖析、加工-结构-性能的关系、合成纤维纺丝物理学、光谱学、力学和流变学等，几乎遍及整个高分子物理研究领域。钱人元编著的《高聚物的分子量测定》一书，先后被国外翻译成英文和俄文出版，成为一本有国际影响力的科学专著。

20世纪70年代，钱人元又在国内开拓了"有机固体"领域，在化学所建立了第六研究室，并任研究室主任，与国际同步开展了有机固体电导和光导研究。他在酞菁类化合物载流子产生和迁移性质、电荷转移复合物和导电聚合物等方面贡献卓著。此外，他在导电聚吡咯的研究中，阐明了吡咯的质子化在聚合过程中的重要作用，以及导电聚吡咯的结构及其在水溶液中电化学氧化还原过程的机理。

知耻而后勇

1979年，钱人元与诺贝尔化学奖获得者弗洛里共同主持了在北京举办的中美双边高分子化学和物理讨论会。弗洛里回美国后说："除聚合用的稀土催化剂研究外，中国在高分子科学领域几乎没有什么基础研究。"面对别人的嘲笑和讥讽，钱人元扪心自问："基础研究的目的是什么呢？目的就是要产生科学。那么就是说别人都已经有了，那你就没有新的科学；没有产生科学，

1979年,国务院副总理方毅接见中美双边高分子化学和物理讨论会代表(前排左起第五人为钱人元先生)

那就说明了你没有什么贡献。"

1981年至1985年,钱人元担任中国科学院化学研究所所长期间,带领我国一批优秀的高分子物理学家,开始建立中国自己的高分子物理基础研究体系。钱人元首先正式提出并使用"高分子凝聚态"这一学术名词,他放弃了"按学科分解课题,各自独立研究"的传统模式,以高分子凝聚态物理中若干基本问题为中心,从分子水平上进行富有创新意义的探讨,在高分子从溶液形成固体的凝聚过程、高分子液晶态、高聚物非晶态的链间凝聚缠结与玻璃化转变、非晶态高聚物不同尺度的取向态、高聚物取向态结晶、高分子的单链玻璃体和单链单晶等许多基本问题上获得了一系列重大成果，令国内外同行瞩目。1996年，在北京举办了由钱人元主持的国际高分子凝聚态物理学术会议，这些新的学术成果得到了广泛的认同和高度赞扬。他的研究工作分别获得全国科学大会奖、国家科技进步奖一等奖、国家自然科学奖二等奖、中国科学院自然科学奖一等奖等奖项。

同时，张光斗认识到理论联系实际的重要性，强调基础研究要为国家经济建设服务。他十分关注我国高分子工业的发展，把自己渊博的知识和研究工作的积累与国家需要相结合。20世纪70年代后期，我国在新开发的合成纤维品种丙纶纺丝上遇到了困难，存在纺丝温度高、乱丝多、喷丝头易堵塞、产率低、丝强度差等问题，生产厂家无法解决。钱人元和同事们经过不懈的努力，通过人为调节、控制分子量和分子量分布来改善高聚物性能，开发出的聚丙烯纤维新品种，首先在辽阳石油化工厂投产成功。这是我国依靠自己的科研成果，开发生产的合成纤维新品种，为我国经济建设做出了重大贡献。

钱人元一生都在开拓和创新，将科研与国家需求、国际前沿紧密结合，获得国内外奖励和荣誉无数。"显然在过去几十年中，你作为一个科学家和学术带头人。你的贡献，以及所达到的成就和水平，在世界高分子界同行中，也为数不多。"国际高分子学会主席曾这样赞佩钱人元。

由于钱人元在科研工作中对国家的重大贡献，1994年他获得了"求是杰出科学家奖"。

培养人才，立国之本

钱人元特别重视人才培养，还特别关注我国教育事业的发展。2001年在为家乡小学题写校名时，他写下了"基础教育，重在素质；培育人才，立国之本"的校训。1958年中国科技大学成立，钱人元创建了高分子物理教研室，在国内率先建立了高分子物理科技人才培养基地。他所讲的课，由他的学生整理成题为《高聚物的结构与性能》教学参考书，1981年由科学出版社出版，成为国内高分子科学工作者最重要的中文书籍之一。1957年至1958年在北京大学教授仪器电子学课，为化学系师生弥补了必要的电子学知识。1958年，国内高分子工业和研究飞速发展，他及时组织全国性高聚物分子量测定学习班共3次，讲课资料写成专著《高聚物的分子量测定》，由科学出版社出版，是当时国内这方面唯一的

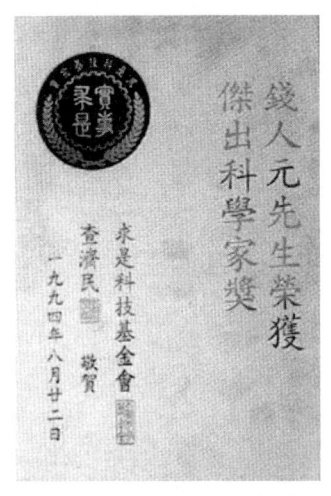

钱人元"求是杰出科学家奖"证书

专著。这本书在1962年和1963年被国外分别翻译成俄文和英文出版。由于学习班取得了普及和推广科研成果的社会效益，随后，化学所又举办了高分子材料剖析短训班、凝胶色谱学习班、高分子流变学讲习班、裂解色谱短训班、高聚物结构性能测试技术短训班等，为大学、生产和科研单位培养了大批技术人才。钱人元还主办外国专家在国内的短期讲习班，例如1959年斯洛尼斯基的高分子物理系统讲演，讲课资料整理后于1960年在《高分子通讯》第4期刊出；1978年马丁·波普做有机晶体中的电子过程系统讲演，讲课资料整理后，于1987年由上海科学技术出版社出版，名为《有机晶体中的电子过程》。他是国内外多种学术刊物如美国的《液体色谱学报》《聚合物工程杂志》《国际聚合物加工杂志》《新高分子材料》等刊物的编委，中国的《高分子学报》的创办人之一，多年来一直担任《高分子学报》和《中国高分子科学（英文）》杂志的副主编。

钱人元现场授课

　　钱人元在繁忙的科研工作外，积极从事教育及科普工作。他是中国科技大学高分子物理教研室的创建人，曾经在中国科技大学、北京大学等讲授高分子物理及仪器电子学等课程。由于钱人元研究工作成绩突出，1956年获中国科学院科学奖金三等奖，1977年被评为中国科学院先进个人，1978年获全国科学大会奖，1980年获国家发明三等奖，1987年获中国石油化工总公司科技进步奖一等奖，1988年获国家自然科学奖二等奖，1989年获中国科学院自然科学一等奖和国家科技进步奖一等奖，1994年获求是科技基金会杰出科学家奖。

钱人元先生代表作

钱人元自1940年至1992年，在国内外发表了论文207篇、综述36篇，编写专著2部。他是国内外多种学术刊物的编委或副主编，多次获得国内外学术团体或组织的荣誉称号。他还先后当选为全国人民代表大会代表、全国政治协商会议委员。他在国际学术活动中十分活跃，曾多次参加国际学术会议，进行学术讲演，并组织和主持国际双边学术交流会等，通过这些活动，扩大了中国在国际科技界的影响，增进了与各国科学家的友谊。

不仅如此，对学生的教育，钱人元总是循序渐进且谦虚认真。曾经担任中国科学院化学研究所有机固体院重点实验室副主任的白凤莲，自1974年起，参加了有机光导热塑材料以及荧光光谱方面的研究课题。当时，钱人元参与指导课题研究工作，经常参加组里的讨论工作。讨论过程中他非常谦和，耐心听取学生们汇报实验结果，细心指导，告诉学生们应该怎样分析和总结数据，如何写学术论文，等。他教导学生做基础研究要熟读并掌握文献，但是又不能迷信文献，文献中的观点也有很多是错误的，选题要有新意，做基础研究要耐得住寂寞，坐得住冷板凳，遇到问题和困难不要气馁，要有知难而上的勇气；只有勇于克服困难的人才能取得最后胜利，取得最后成果；知识需要积累，只有刻苦努力，循序渐进，才能在科研的道路上越走越远，取得成就；科学研究需要我们献出毕生的精力！他不仅关心学术研究的进展，还注意做研究人员的思想工作。当时在组内由于学术意见的不同及研究成果的署名等问题，成员之间产生了矛盾，他利用业余时间，分别把组里的成员请到自己家里去，仔细听取每个人的意见，解除误会，耐心地教导大家，现代科学研究需要团结协作的精神，要能听取不同意见，要宽容。他的循循善诱感动了大家，解决了同事之间的矛盾。钱人元虽然是院士，大科学家，但是没有任何高高在上的架子，非常平易近人，实验室里的同事们亲切地称呼他"老钱"。

为了在化学所开展有机固体的研究，钱人元花费了大量心血。1974年夏天，他邀请了他在美国的朋友，国际上著名的有机半导体专家、纽约大学的马丁教授，利用暑假时间来化学所进行有机半导体的基本知识的讲学。前来聆听讲座的科研人员是从几个实验室临时抽调出来的，大部分是学化学的，只有个别是学物理或电子学的，此时大家对有机半导体一无所知，大家的英语水平虽然查阅专业文献还可以，但听力和口语就差很多，加之对有机半导体的专业词汇很生疏，要听懂马丁教授的讲课很困难。为了能够让大家听懂讲座并能够进行交流，钱人元邀请了实验室里吕绳青等英语好的老科学家来给大家当翻译，他自己也和大家一起参与听课和讨论问题。周密的安排使得这次讲课取得了良好效果，也为化学所开展有机固体的研究打下了基础。

身体力行，学术交流

钱人元作为先行者，对我国高分子和有机固体领域的国际交流功不可没，在国外学术机构和国际学术会议上应邀演讲百余次，多次担任国际学术会议的国际顾问委员会成员，倡议和组织了中美、中日、中德、中意、中英和中韩高分子双边学术讨论会，以及中日有机固体双边学术讨论会、中韩合成金属双边研讨会等，在国际同行中有很高的声誉。由于他在中日高分子学术交流与合作中所起的重要作用，日本高分子学会于1995年授予钱人元第一届国际奖。

在改革开放前的30年，我国的科学研究包括高分子科学研究都是在完全与外界隔绝的环境下进行的。直到1971年4月，著名的"乒乓外交"才为中美交流翻开了一页新篇章。1972年，我国组织了最高级别的科学家代表团出访美国等四个国家，钱人元被选为代表团一员，这使他有机会结识了美国高层的学术领导人物，也为他后来开拓我国高分子的国际交流创造了条件。

1972年，钱人元率高分子代表团访问日本，开启了化学所与日本高分子界的良好合作。在有机固体研究方面，1975年，钱人元率团访问日本，在钱人元和井口洋夫教授的推动下，1982年，化学所与日本分子科学研究所签署合作协议，两个所在互派科研人员、举办双边讨论会、合作研究等方面开展了深入合作。

1979年10月，我国改革开放后的第一次，也是中华人民共和国建立以来的第一次中美双边学术讨论会在北京召开，以高分子化学和物理为主题，这和钱人元的学术地位、在海外的影响力息息相关。美方与会的是10余位高分子学界的知名科学家,当时我国高分子学界对这次会议也极为重视,作为会议主要组织者的钱人元倾注了大量的精力。此次双边会议的召开具有里程碑的意义,不仅促进了中美高分子科学家之间的学术交流,也为后期我国向美国大批派遣留学人员创造了良好的条件。

在钱人元主持的一系列双边会议中,特别重要和富有成果的是1986年9月在北京举行的中德高分子科学讨论会。会议由中国科学院和德国马克斯·普朗克学会主办,钱人元和马普高分子研究所所长是共同主席。德国方面组织很多大师级的科学家参会,这些人后来多次访问中国,成为中国高分子界的好朋友。到了20世纪90年代,已近80岁高龄的钱人元又组织了几次中韩、中英讨论会,促进了此后中韩高分子交流的迅速升温,如今韩国科学家已成为我国主要的学术伙伴。

"糟粕所传非粹美,丹青难写是精神",除了学问,钱人元留给我们的还有他毕生追求真理、追求进步、热爱祖国、关怀他人的崇高道德品质,以及勤奋好学、锲而不舍、不断创新、严谨治学、精益求精、实事求是的科学精神。

经过60余年的努力,我国高分子科学、有机固体等领域在很多方面已实现与世界科学前沿并行,但要实现

"从并跑到领跑"的目标,仍任重而道远。在钱人元诞辰百年之际,对先生最好的纪念,就是追随他的脚步,学习他认认真真做学问的精神,实现他未竟的科学事业,开创我国科学研究的新局面,为发展国民经济和满足国家重大需求做出新贡献。

2003年12月6日,钱人元因患胰腺癌在北京医院去世,享年86岁。钱人元逝世后,家人按照他的遗愿,将他的骨灰于2004年4月撒入了家乡的长江入海口。从此,中国高分子物理学界又少了一位伟大的科学家。但钱人元为国家建设所做的贡献,以及他高尚的人格却永远留在世上,并被后人学习、传承。

吴中伟：爱祖国，惜光阴

> 吴中伟（1918—2000），江苏张家港人。建筑材料与土木工程专家、中国建筑材料科学研究院高级工程师，长期从事水泥、混凝土、砼的科学和工程研究。中国混凝土科学与技术的先驱和奠基人，中国第一所砼研究室创始人。1951年研制成功混凝土引气剂。1994年当选为中国工程院院士，1998年当选为中国工程院资深院士。

2018年是吴中伟院士诞辰100周年，中国建筑材料科学研究总院为他举办了隆重的纪念活动，缅怀吴中伟院士为中国建材科技事业建立的卓越成就，追思和学习他毕生钻研科学、矢志创新、培养人才的崇高精神与风范。

吴中伟是中国工程院资深院士，著名无机非金属材料科学家，原国家建材局科教委名誉主任，著名无机非金属材料科学家暨水泥混凝土专家，曾任中国建筑材料科学研究院院长技术顾问、副院长兼总工程师。在60多年的科教生涯中，他把自己的毕生精力全贡献给了建材科技事业，为新中国建材科技事业的开拓创新、建材工业的发展建设、中国建材总院的创建发展、建材科技人才的培养建立了不朽功勋。他的光辉科技业绩、卓越理论贡献和崇高道德品质，值得铭刻在每一代中国人的心中。

吴中伟院士作为我国水泥和混凝土科学事业的奠基人，其知识、思想和人格魅力深深地感染了一代又一代的人。纪念吴中伟院士诞辰100周年座谈会，不仅是对吴老丰功伟绩的崇敬，更是对老一辈学者精神的凝练，从而激励广大科研工作者以坚定的信心和饱满的热情投入工作，为我国混凝土科学的发展和绿色环保的固废资源化与生态材料的事业贡献自己的力量。

关于吴中伟院士在我国科技界的地位和贡献，原国家建材局局长王燕谋曾有以下评价："吴中伟同志在我国水泥混凝土领域所起的突出作用，与钱学森同志在我国航天领域、钱三强同志在我国核能领域的作用是极相类似的……如果没有吴中伟同志的积极奉献，中国水泥混凝土与制品事业的发展也不可能如此之迅速。"

书香之家，立志报国

七房庄吴氏是地方望族，除了吴中伟院士，还曾经出过许多名人：吴聘珍、吴曾溪是清朝举人；吴翊之是

1987年，吴中伟院士在日本考察

江南名医；吴三锡是国民政府驻美国檀香山领事；吴增诚、吴增让兄弟二人，同在法国留学，吴增诚是矿冶博士，曾经担任广西大学分校校长，后隐居台北五堵山研修，是道教西派传人，吴增让专攻生物学，颇有建树。

吴中伟，1918年7月20日出生于今江苏省张家港市金港镇南沙柏林村。2008年11月28日，张家港市党史办工作人员通过查阅七房庄《延陵吴氏宗谱》发现吴中伟是延陵吴氏始祖季札后裔。延陵吴氏后来分为多个支派，吴中伟属于七房庄支系，是季札第93世孙。吴中伟曾祖父吴又育，祖父吴以锷。吴中伟的父亲吴瑞祯，字粹珍，是一位美术老师，毕业于上海美术学校，曾经在周庄小学和无锡省立教育学院教书,学生几千名,教学成果很好。吴瑞祯夫妇有两个孩子,大儿子吴中伟,二儿子吴中正。吴中伟父亲吴瑞祯从小过继给两位叔父,但叔父均有儿女,不能容纳嗣子,而家住新桥的吴瑞祯岳母家有薄产却无子息,于是吴瑞祯夫妇在1918年11月带着刚出生百日的吴中伟搬迁到新桥生活。在新桥,张凤棣家就在吴中伟家隔壁,两人三岁攀下"娃娃亲",青梅竹马,相伴到老。他俩有三个儿子、两个女儿,儿子吴尚宏、吴尚立、吴尚民,女儿吴尚群、吴尚苏,其中吴尚民是中国社科院哲学研究所党委书记。吴中伟先后就读于新桥小学、无锡试验小学、梁丰初中。

1931年9月18日晚上,震惊中外的"九一八"事变消息从东北传来,传到了梁丰中学。当时正在学校读书的吴中伟得到消息后十分悲痛,他与梁丰中学的爱国师生们一道,积极加入抗日救亡的宣传活动中来,发传单、演讲、游行抗议等等。国家的柔弱、贫穷,让这位年轻的江南少年心中萌发了好好学习、报效祖国的决心。1936年,吴中伟从江苏省立苏州高中毕业,以优异的成绩考入南京中央大学土木工程系,1940年大学毕业后分配到綦江导淮委员会工作,其间参与研究石灰烧黏土水泥,开中国无熟料水泥研制应用之先河。1945年5月,吴中伟出国深造,先后在美国垦务局丹佛材料研究所、陆军工程师团和加州大学学习进修混凝土科学技术,并在公路研究所等单位研究考察。这期间，他收集了大量的技术资料，为后来回国开创我国的混凝土科学技术事业打下了良好的基础。

1947年，吴中伟学成归国后在南京中央大学土木工程系任副教授，率先提出了"混凝土科学技术"概念，组建起第一支混凝土科研队伍，创建了中国第一个混凝土研究室，开创了我国的混凝土科技事业。这期间，吴中伟指出当时国内最大的混凝土工程——塘沽新港工程30吨大块混凝土崩溃的原因在于海水冻融循环，提出了采用引气混凝土的有效解决方案，并于新中国成立后付诸实施，取得成功。

赴京任职，投身事业

1949年8月，吴中伟受到邀请到北京，参加新中国最早的建材研究机构、中国建筑材料科学研究院前身——华北窑业公司研究所的筹建工作。新中国的成立以及大规模经济建设的展开，激发起吴中伟以创造性劳动报效祖国的工作热忱。正如他刚到北京时所讲的："如何将现代技术用到我国的经济建设方面，需要一番努力，我想以后将继续数年来的工作，专门在水泥混凝土运用上从事研究和改进创新工作，在如何做成经济与耐久的混凝土工程和其他建筑材料方面而努力。"正是在吴中伟教授的领导下，当时研究所混凝土室成为我国建材行业的第一个混凝土研究中心。后来，他长期担任学术带头人及行政领导职务，以"爱祖国、惜寸阴"为座右铭，勤奋工作，成就卓著，先后主持或参与了数以百计的国家重点工程和重大科研项目的规划、论证和研究开发实践，为新中国建材工业的蓬勃发展，特别是水泥混凝土科学技术的创新发展以及水泥制品新兴产业的形成，做出了不可磨灭的贡献。

吴中伟的科技学术活动，始终围绕着国家经济建设的需要和科技创新的方向发展。20世纪50年代初，他结合国内迅速展开的基本建设，引进国外先进技术，编著《怎样做好混凝土工程》等书，在全国工业、交通、水电、城建、房建等大中型混凝土工程中大力推介科学配合比设计、质量控制、冬季施工技术等，取得巨大效益。1951年，与王季周合作研制成当时国内最早的混凝土外加剂——松香热聚合物引气剂，并成功应用于塘沽新港、万海港、治淮等水库与水电站工程，取得了显著成效，提高了工程耐久性，现已普遍推广应用。该发明荣获1965年国家科委首次颁发的国家发明奖。1953年，针对苏联援建我国的大连机场工程质量问题，吴中伟从专业的角度做出了正确的分析，避免了苏联一方对我国索求的巨额赔款。同年，吴中伟应邀到佛子岭水库大型水利工程协助建立试验室，进行质量控制并推广新技术。他首次在国内提出了混凝土的碱集料反应问题及有效预防措施，得到水利部门的充分重视，避免了大坝混凝土因发生此类反应而引起的巨大损失。同时，他协助长江科学院建立研究试验队伍为三峡工程做准备，为预防我国水工混凝土病害做出了重要贡献。

1954年，吴中伟担任建筑材料部水泥研究院混凝土室主任，后来又担任研究院副院长兼总工程师。任职期间，他积极推进当时建材部领导提出的用水泥制品代钢代木的方针，组织研究队伍，大力研制与开发了钢丝网水泥船，水泥压力输水管，预应力混凝土电杆，石棉水泥管、板、瓦，混凝土空心砌块，预应力混凝土桩、农房构件等一系列水泥制品，节约了大量的钢材、木材，满足了当时我国国民经济建设发展的需要，效益巨大，并为我国水泥制品工业的创建与发展奠定了基础。其中，自应力混凝土输水管、水泥船等产量在当时已经达世界第一。

吴中伟一贯重视混凝土的理论研究，并在这方面很有成就。1956年，国务院组织编制十二年科技发展规划。作为建材界代表，他积极建议将水泥、混凝土等建材专业与学科建设列入规划并被采纳，为建材工业向科学进军做出了贡献。1959年，他首次发表"混凝土中心质假说"，为以后的水泥基材料科学开辟了道路，其中关于孔结构与界面结构的研究成果已被较多引用。为了

东渡码头再扬帆

吴中伟在巴基斯坦考察

减少混凝土的开裂，他在国内首先研究膨胀混凝土与自应力混凝土，以适度膨胀来抵消部分干缩的原理，提出补偿收缩模式，并出版专著《补偿收缩混凝土》与《膨胀混凝土》，指导应用。至今，我国补偿收缩混凝土累计用量已超过1000万立方米。"假说"沟通了原本彼此割裂的水泥化学、混凝土材料学、混凝土工程结构学等的内在联系，开创了通过亚微观、微观方法研究混凝土组分结构对其性能影响的先例，成为20世纪我国混凝土基础理论研究的重要标志性成果之一，为深入研究水泥基材料科学开辟了新的途径。

1957年，吴中伟加入中国共产党。1964年，当选为第三届全国人大代表。1978年，被聘为清华大学教授、博士生导师。1979年起，吴中伟先后担任中国建筑材料科学研究院总工程师、副院长、技术顾问等职。为解决混凝土的抗裂防渗问题，指导与推进膨胀混凝土的研究，他提出了混凝土的补偿收缩模式，结合工程实际进行推广，成效卓著。1979年，膨胀混凝土后浇缝技术成功地用于毛主席纪念堂的防水工程。1982年至1985年，吴中伟任国务院学位委员会首届评审组成员，兼任武汉建材学院副院长、北京研究生部主任。他担任《硅酸盐学报》主编32年。1980年起担任《水泥与混凝土研究》（国际刊）编委，1997年改任荣誉编委。在国内外发表论文百余篇，出版专著8本、诗文选1册。

进入20世纪90年代，吴中伟根据可持续发展战略，在国内首先提出研究推广高性能混凝土建议，提出"环保型胶凝材料"与"绿色高性能混凝土"新概念。针对

1958年吴中伟（前右二）赴苏联考察留影

我国水泥工业现状提出调整产业结构、大量利用工业废渣等建议，使水泥与混凝土逐渐成为环境友好型的大宗建筑材料。1992年，吴中伟担任国家自然科学基金项目"三峡大坝混凝土耐久性及破坏研究"、国家"九五"重点攻关项目"重点工程混凝土安全性研究"的技术顾问。1994年，吴中伟当选为中国工程院院士（化工、冶金与材料工程学部）。1999年，获何梁何利基金科学与技术进步奖。编著的《补偿收缩混凝土》《膨胀混凝土》《水泥基复合材料导论》等被公认为混凝土科学方

吴中伟院士飞机前合影

面的经典著作。吴中伟为我国无机非金属材料科技的发展，尤其是混凝土科技的开拓创新与专业人才的培养，贡献了毕生的精力。

不遗余力，言传身教

吴中伟一贯重视人才特别是青年科技人才的培养，他一生中言传身教，尽心竭力，为国家培养出了一支具有创新能力与奉献精神的混凝土科技队伍。20世纪50年代中期至60年代中期，是新中国混凝土科技事业初创继而开始进入自主发展的时期，繁重的科研任务、对科技

吴中伟"何梁何利基金科学与技术进步奖"获奖证书

人才的巨大需求，与刚刚组建的混凝土科技队伍人才匮乏、经验不足，成为一对突出的矛盾。为此，党中央在20世纪60年代初提出了关于科研机构的根本任务为出成果、出人才的工作方针。按照这个方针，吴中伟抓紧两手工作，一是科研的组织实施，二是岗位人才的培养。他始终把关心培养年轻一代作为自己的天职，针对当时科研人员里中青年和新分配大中专毕业生居多的特点，吴中伟更多采取讲课的方式，每次授课都精心准备，将自己多年积累的知识与经验毫无保留地传授给大家，将自己所获得的最新科技信息及时介绍给大家，将前人的研究成果、国际前沿与自己的学术思想融为一体；讲究学术民主，共同讨论，鼓励创新，使年轻学生受益匪浅。同时，他强调，借鉴国外经验应与本国实际相结合，书本知识应该与科学实践相验证，前人基础应该与开拓创新一起发展。对于自己分管范围内的科研项目，吴中伟要求项目负责人按照计划进度向他汇报，对重要项目更是经常深入现场，了解工地、工厂情况，指导工作，鼓励人员一起商量，充分体现并寄托了对科技人员成长的期望与关怀。除必备的专业知识与技能外，吴中伟还十分重视科研人员对科学道德和严谨的科学研究的方法的领会与掌握，并于20世纪60年代在《光明日报》等媒体有专文发表。按照他的思路，形成了当时总院科研管理的一系列规章制度，一些很有成效的做法影响至今。20世纪80年代初,我国建立学位制度,吴中伟受聘为国务院学位委员会首届学位评审组成员,我国首批材料科学博士生导师,学位委员会主任委员。1978年起兼任清华大学教授,1982年至1985年兼任武汉理工大学的前身武汉建材学院副院长及其北京研究生部主任。

吴中伟68岁还喜欢亲自登台授课,刚开始他习惯用中文,可因为自己极其浓厚的江苏口音,部分学生听不懂。为了给学生们营造一个良好的学习环境,他后来干脆用英语授课,他英语非常流利,同学们听课的热情都非常高。就这样在中文、英文相互交替的授课当中,同学们很快就与吴中伟熟悉了起来。吴中伟常提出国内外

吴中伟院士授课中

热点的学术问题，要求同学们课后查阅资料准备，下次课上交流讨论。同学们也结合自身课题经常向他提出一些问题，每次吴中伟都耐心地为大家解答。

在60年的科研生涯中，吴中伟大部分时间担任专兼教职，先后培养出博士生、硕士生20多名。如今，吴中伟院士已是桃李满天下。教学方面，他成绩卓著，堪称治学典范。

才华横溢，诗意人生

吴中伟不仅是一位蜚声海内外的科学家，还是一位才华横溢的诗人。他非常热爱生活，喜欢在科研之余将自己对于生活的爱用诗歌来表达。在繁忙的工作之外他写了大量诗歌，其中一部分诗作于1999年由清华大学出版社结集出版，取名《寸阴集》。"爱祖国，惜寸阴"是他终生的座右铭。这些诗歌，有赞美祖国大好河山的，有抒发纯真的乡情、亲情和友情的，更有关心祖国前途和民族命运的忧国忧民之作。《寸阴集》录入了他所作的诗篇共二百余首，前后跨越六十余年，内容丰富，涉猎面广，包括海内外游踪、故乡情结、康庄务农、伉俪情等等。其中所作《庐山》一诗，共九节，很感人。这首诗歌再现了1997年中国土木工程学会高性能混凝土专委会在庐山开会时的情景。那天，吴中伟出席了大会并兴致勃勃地冒雨再度游览了庐山。上午游览了三叠泉，几千个台阶他都不让人扶，一步一步拄着拐杖自己走下去。下午爬山，天气转好，他凭着坚强的毅力，硬是自己爬到了山巅。他还一边走一边给大家讲解名胜、风景和典故。一个80岁的老人有如此的耐力完全是因为他坚强的毅力。受他感染，当时很多一起游玩的老人，也都不甘落后，一个一个都顽强地爬到了山顶。可谓"榜样的力量是无穷的"。

吴中伟乐于提携后学。他所带的博士生中有一对博士夫妇长期国内国外两地分居，生活非常不易。他们每次来北京时，吴中伟都要亲自出去购买一些吃的、用的给他们的小孩儿带回，这让学生非常感动。如今，孩子大了，这对博士夫妇的生活条件也已经非常好了，但每每想到、提到先生，他们总是无法抑制自己激动的情绪。其实，对吴中伟来说，这样的事情实在是太多、太平常了，因为他本来就是这样一个热心肠、乐于助人、关心学生的人，几乎每一个认识先生的人都得到过先生这样那样的帮助。

对生活有爱的人，永远都不会孤独，相反，他的生活始终处处充满爱，这就是吴中伟，一个蜚声海内外的科学家，一位才华横溢的诗人。

吴中伟院士与妻子在母校江苏省梁丰高级中学门前合影

心系家乡，游子情深

2008年12月1日，在吴中伟院士诞辰90周年之际，吴中伟家乡的《张家港日报》记者与张家港市党史办人员曾经一起到江阴城里布政坊巷走访了吴中伟的堂叔，江阴云亭中学的退休教师吴增劭，吴中伟与吴增劭曾经一起在梁丰初中念书。据吴增劭回忆，吴中伟曾经多次回到七房庄，其中一次是在1949年夏天，那时候江南已经解放，他到七房庄后在吴增劭家吃了早饭，还一起去了趟三甲里。当时，吴院士家在七房庄，还有祖屋和几亩地。祖屋在七房庄旗杆河北面尽头,即七房庄东北角。这个地方原来有七排房子,都是朝东的。其中第六、七排属于吴中伟父亲吴瑞祯和叔父吴瑞芝共同所有,估计有十间平房,还有侧厢屋。房子后面有园地,种点蔬菜,三面围墙,北面开一门进出,南面是吴增发家。

改革开放以来,吴中伟夫妇曾多次到张家港寻访故里,他们没有惊动当地领导,而是找堂弟张林奋,由张林奋陪同前去老家七房庄、母校梁丰中学,还游览了正在开发建设中的香山。2008年12月3日下午,吴中伟的堂弟张林奋在张家港市出示了《吴中伟院士纪念文集》、吴中伟诗选《寸阴集》和张凤棣怀念夫君的两本诗集,还有《南房张氏宗谱》等珍贵资料。他说,20世纪80年代以后,因苏州有个国家定点的水泥制品研究所,吴中伟经常来南方开会,会议间隙就会到张家港的杨舍镇找他。

1989年,吴中伟回到七房庄寻访祖宅,祖宅只剩下一些残垣断壁。吴中伟抚摸着墙壁激动得热泪盈眶,他一边拍照,一边对同行的人说:"这就是我出生的地方呀!"对于母校梁丰中学,吴院士也魂牵梦绕。一次,在梁丰中学旧址(现张家港市第一中学)看到学校西侧房屋的风火墙,他说:"这墙我念书的时候就有了。"后梁丰中学迁入新址(现张家港常青藤中学),吴中伟也曾经去参观过。

1996年10月10日，是吴中伟最后一次来张家港。当天下午他游览了张家港的香山，十分感慨。下山后在港区吃了晚饭。饭后，又参观了张家港市区的步行街、美食街等。回京后，他写下16句的七言诗《故乡行》。

张林奋说，2000年元旦，我还收到中伟夫妇签名相赠的诗选《寸阴集》，想不到仅2个月，吴院士便溘然长逝，但他"爱祖国，惜寸阴"的格言和毕生献身科学的精神，值得我们永远怀念！

设立科技奖，扶持科技事业

吴中伟一生以科技创新和扶掖后学为己任，几十年来，指导、扶持和帮助了几代科技工作者。1950年抗美援朝时，吴中伟将自己第一本著作的稿费全部捐献给国家；在计划经济年代，吴中伟出差国外，把自己国内的粮票让夫人交给粮管所，补助缺粮的居民。他生前提出将其所获得的何梁何利基金科学与技术进步奖奖金捐赠中国建材总院，用于科学研究事业，他的夫人张凤棣为履行吴中伟院士遗愿，捐出全部奖金。2013年，中国建材总院设立"吴中伟青年科技奖"，授予能够传承吴中伟院士爱国、奉献、科学、严谨、谦虚的崇高精神，在科技创新、团队建设方面有突出表现，科研成果取得重要的社会效益或显著的经济效益，为国家、行业发展做出突出贡献，在行业中有一定影响力的青年科技领军人物。该奖项是中国建材总院深入传承吴中伟院士"爱祖国，惜寸阴"精神，建立矢志科研、鼓励创新、公平竞争的创新人才激励机制的重要举措，是中国建材总院发现、选拔和培养高层次科技人才的重要组成部分；奖项自设立以来，共有9位青年科技骨干获此殊荣，有力地激励了青年科技人员潜心科研、刻苦攻关，激发了他们不断创新的潜力和动力，他们以一流的创新成果将老一辈建材科技工作者开创的事业发扬光大，全力推动我国建材科技事业的进步发展。

吴中伟青年科技奖获得者拜望吴中伟院士夫人张凤棣女士

吴中伟去世后，为了传承他的精神，发扬他高尚的道德情操，他的子女在苏州科技大学土木工程学院设立

"吴中伟院士奖学金",奖励考取清华大学和东南大学研究生的学生。2018年6月27日,在苏州科技大学土木工程学院二楼报告厅举行第一届"吴中伟院士奖学金"颁奖仪式,以传承老一辈科学家的伟大精神。

"吴中伟院士奖学金"颁奖仪式

吴中伟作为当代我国建材行业的科学巨匠和誉满中外的著名科学家,一生致力于建材科技研究、创新和发展,并以高度的历史责任感和科学家的博大胸怀投身科教兴国的伟大事业,为建材科技事业的发展做出了卓越贡献,为祖国现代化建设付出了毕生精力,他的崇高追求和历史功绩将熠熠生辉,彪炳史册。

"赤心报国苦时短,老骥奋蹄趁夕晖。"今天,我们既要缅怀他的成就,更要弘扬他的精神,使他毕生为之奋斗的事业能够更好地得到传承发展。我们要学习吴中伟院士高尚的爱国主义精神，学习吴中伟院士善于学习、勤于钻研、奋发不息的精神，学习吴中伟院士理论联系实际、用科学造福人民的精神，学习吴中伟院士爱才育才、甘为人梯的精神。他的业绩和品德为中国建材科技界树立了一座不朽的丰碑，成为激励后学奋力前行的动力。

　　吴中伟平易近人，生活俭朴，一生勤奋工作与学习，思路开阔，勇于创新，是中国混凝土科学技术的奠基人。"爱祖国，惜寸阴"，是吴中伟院士的座右铭，也是我们青少年学习、努力的座右铭！

童秉纲：
不畏曲折，锲而不舍

童秉纲（1927—2020），江苏张家港人。流体力学家、教育家，中国流体力学的开拓者和奠基人，中国第一批博士生导师，香港理工大学机械工程系顾问委员会委员。曾协助钱学森等著名科学家建设了中国科学技术大学高速空气动力学的教学体系。1997年当选为中国科学院院士。

"逆境很长，服务很多，很晚创业，小有成就。"童秉纲常这样用16字来概括自己的人生。作为我国第一批博士生导师，童秉纲至今为止只培养了16位博士；他从教56年，历经生死逆境12年；他在力学领域成就卓著，却像普通老师一样每天拿着公文包准时出现在实验室里。

由于历史原因，他45岁开始做流体力学研究，一做就是25年，70岁才当选中国科学院院士。创业很晚，小有成就。童秉纲信奉一句格言："不畏曲折，锲而不舍，谋事在人，成事在天。"童秉纲的一生历经艰辛，排除万难，大器晚成，他在逆境和坎坷中展示了自己作

2003年童秉纲为科学与艺术国际研讨会纪念封题字

为一名教师和科学研究工作者的风采。

少年发奋，立志图强

童秉纲1927年9月28日出生于今江苏省张家港市杨舍镇钟鼓弄，家中兄弟姐妹5人，童秉纲排行老二。尽管父亲当时在纱厂做工程师，有一份相对稳定的工作，但由于家中子女很多，且全家人的衣食住行全靠父亲一个人微薄的工资养活，因此，家庭生活比较艰苦，只能够勉强度日。这样的日子虽然十分困难，但家庭和睦，一家人能够开开心心地生活在一起，有饭吃、有衣服穿，也还算幸福快乐。

然而天有不测风云，就在童秉纲和兄弟姐妹一起幸福、快乐地成长的时候，11岁那年，童秉纲的父亲因病去世。上有14岁的大哥，下有几个未满10岁的弟弟妹妹，而最小的弟弟童秉枢当时刚满周岁。没了主心骨，没了家庭收入，养育5个孩子的重任，一下全压在了童秉纲母亲郭南珍一个人柔弱的双肩上。

父亲的死，不仅给全家人带来了伤痛，更给这个本不富裕、勉强度日的家庭蒙上了一层厚厚的雪霜。童秉纲单纯无忧的少年生活就这样过早地结束了，可这时，他心里所想的并不是自己，而是整个家庭。父亲去世后，兄弟姐妹们怎么办？母亲一个人怎么办？为母亲排忧、为家庭解难的想法，就这样在童秉纲幼小的心里生根萌芽。而母亲此时也更是痛上加痛、愁上加愁。收入从何处来？5个孩子上学的学费怎么办？当时，一些乡邻常这样劝导童秉纲母亲："孩子太多，负担太重，还是先让老大老二退学去做学徒吧。光靠家里这几亩薄田度日，这日子实在是太清苦了。"

一边是失去亲人的伤痛，一边是孩子面临失学的不忍；一边是邻居同情友好的规劝，一边是孩子稚嫩无邪的纯真。童秉纲母亲一下陷入了两难的处境。让孩子上学，家中压力太大；让老大老二退学去做学徒，他们的前途从此就给毁了。

那段日子里，母亲常常一个人坐在院子里发愁。可最终，这个只读过几天书的农家妇女却还是做出了一个让所有人都吃惊万分的决定：让孩子们上学！童秉纲的母亲郭南珍曾经读过书，知书达理，知道读书是穷苦孩子的唯一出路。面对家庭的困境，这个内心坚强的农家女子却从未掉过眼泪，她咬紧牙关，四处举债，硬是凑钱让几个孩子上学。

母亲不向命运屈服的坚强深深影响着童秉纲，他从此发奋苦读，立志要靠读书来改变自己以及家庭的命运。他知道自己年纪很小，做不了别的，唯有成绩优异才能够宽慰母亲的心。于是，每天清晨，天还没亮，童秉纲就一个人早早起床，偷偷跑到屋子外面，背诵英语和语文。一本厚厚的《古文观止》用不了多久，他就能全文背诵很多篇。因为心中有着这股强劲的学习动力，很快，他就成为班上的尖子生，各门功课的成绩都名列前茅。

在那个特殊的年代，别说读书，就连吃饭也成了很多人解决不了的问题。当时，很多穷人家因为吃不上饭，就外出四处乞讨，或者是变卖家产，有的甚至还会卖儿卖女。即便能够读上书，有的也会因为时势动荡或家庭变故，选择中途放弃，从军报国或是回家种地。而童秉纲却是那个年代的幸运儿，不但上学读了书，而且还一直读到了大学。这样的幸运，不仅是由于童秉纲的勤奋好学，更是因为他有一位下定决心、不惜付出任何代价都要让孩子读书上学的好母亲。

1946年，童秉纲以优异的成绩从梁丰中学毕业。

因为当时初中的几何和高中的数理化使用的都是英文教材，童秉纲的英语水平得到了很大提升，以至于后来上大学时，他很轻松地就过了英语关。

梁丰中学毕业后，童秉纲面临着人生中的又一个大的选择。当时的他，同时被国立中央大学（南京大学前身）和国立交通大学录取。能够同时被两所国内的著名高校录取，这在当时也属凤毛麟角。考上好大学，本是一件十分开心和自豪的事情，没想到此时的童秉纲却在心里犯了难。因为要供自己读书，母亲一个人在家中已辛苦操劳了很多年，而且家中除了自己，还有很多兄弟姐妹需要读书，自己上大学后，给家庭带来的经济负担会越来越重，到时母亲还会更加辛苦。可是，读书是自己一直以来的人生梦想，好不容易考上了，一旦放弃，自己之前付出的全部努力又白费了；最重要的是，一旦自己放弃，定会辜负母亲对自己学业有成的殷切期望。最终，思考再三，童秉纲选择了不收学费、伙食费的国立中央大学。

历经坎坷，矢志不移

原以为凭着发愤图强能够改变自己以及家庭的贫困现状，没想到，时代的风云却让年轻的他又步入了一段异常崎岖的人生道路。

1950年,童秉纲从南京大学机械工程系毕业。1950年8月,他又被派到哈尔滨工业大学去读研究生。1952年9月,意气风发的童秉纲研究生毕业后留在了哈尔滨工业大学做老师,开始登上讲台,讲授理论力学课程。带着对专业的孜孜不倦,对事业的踌躇满志,童秉纲在教学过程中通过不断摸索、进取,逐渐形成了自己的一套理论教学方法,而这套教学方法也深受学生们的喜爱。由于教学出色,1953年,他被任命为新成立的哈工大理论力学教研室主任,当时的童秉纲年仅26岁。26岁就当上了著名大学的教研室主任,即便是放到现在,也会让很多人羡慕不已。

大学时期的童秉纲

"年轻有为""青年才俊",这些词用在童秉纲身上最合适不过。同事们对他佩服,学生们对他尊重。无论是课程的研究理解,还是教学管理,他都有自己独特的一面。用中国工程院院士、哈尔滨工业大学原校长黄文虎的话说:同事们对他都很佩服,无论是工作能力,还是专业学术，他都能做到用心、细致、专业、独特。他看问题从来都不会局限于具体的一些事情，而是从大处来考虑。与同事之间的相处也一样。因此，他在同事中间具有一定的威望，他比较能服众，而且能够引领大家。

年轻有为、才华横溢，一时间，童秉纲在哈工大校园里成了女生们追捧的白马王子。而同校的晋晓林就是其中的一位，并且成了幸运儿。1954年，童秉纲与同校的晋晓林女士喜结连理。事业、爱情双丰收的他迎来了人生中的第一个高峰。然而好景不长，不久就迎来了人生中最为坎坷的一个时刻，经历了一段沉重的、艰难的岁月。

就在童秉纲万分痛心的时候，1958年，上级突然交给他一个任务：根据"学习苏联"的几年教学经验，学校准备编写一本理论力学讲义。由于童秉纲学术过硬，教学经验丰富，这个任务自然就交由他来负责。他知道，这是一件十分有意义的事情。不仅是国家建设的需要，也是国家培养人才的需要。就在童秉纲准备接受任务时，他的身边突然出现了一些反对声音，可当时的童秉纲认为，只要是对国家建设有益的事情，只要国家需要，他无论如何也一定要去做。就这样，处于困境之中的童秉纲毅然接受了上级的任务，挑起了主编讲义的重担。

1959年，历时一年多，倾注了童秉纲无数心血的讲义《理论力学》终于编订完成，并于1961年由人民教育出版社正式出版发行。1988年，《理论力学》第1-4版获得全国优秀教材奖。如今，作为国内众多高校的必选教材，该书已前后翻印了8版，总印数超过了百万册。

《理论力学》讲义的成功编订，更坚定了童秉纲为国家建设、人才培养做出毕生努力的决心。1961年，童秉纲到中国科技大学近代力学系任教，并担任高速空气动力学专业教研室副主任。当时，近代力学系的系主任是我国著名科学家钱学森。

1972年春，童秉纲被指派到沈阳的112厂和139厂设计科工作，协助解决某些空气动力学问题。这是童秉纲第一次从事流体力学研究，当时他已45岁。为了自己人生中新的开始，童秉纲以一名科学家的态度，全身心地投入工作中，迈开了从事科研工作的第一步。

在沈阳工作的这段日子里，生活条件非常艰苦，几乎吃不到荤菜。住的招待所是6人一间，每天晚上不是呼噜声就是扑克牌声，且烟雾缭绕。每当下班后或公休日，童秉纲都要想方设法去占领室内那张唯一的公用桌子，用来寻求一个最基本的工作环境。1973年，139厂有了一台电子计算机，运算速度为每秒2000次，在当时被当作宝贝。童秉纲试着在这台机器上算题，但由于自己被排在后半夜这个时段，算一个不大的题目就要几小时,而且运算又很不稳定,只要有个跳动,就会前功尽弃,不得不再次从头开始。为了能够算题,童秉纲连续几个晚上不睡觉。由于白天又无法入睡,最后他的身体终于支撑不住,出现头重脚轻的症状。去沈阳中国医大医院做检查,排队等候抽血的时候,他突然感到眼前发黑,立即找椅子坐下,随即失去了知觉。醒来时,他发现自己已经躺在了急救室。为了确保139厂的任务能按原定目标顺利完成,他向家人隐瞒了自己的病情,一直拖到工作结束。那几年童秉纲日日夜夜超负荷工作,不仅为航天五院完成了卫星回收舱气动力系数和动导数的计算,承担了航天二院的椭圆钝锥动导数计算方法研究,还为航天一院完成了钝锥在烧蚀影响条件下的稳定性导数分析。这三项研究分别在1979年和1981年获得原国防科工委的科研成果奖。

为了完成这些任务,从不熟悉空气动力学以及相关的工程知识到建立入门的基础,童秉纲付出了非常艰苦的努力,虚心求教,不耻下问,长期出差,夜以继日。而且在很长的一段时间里他不能发表论文。因为涉及保密,他写的内部报告也只能写上单位和研究组的名字。尽管如此,他却没有任何怨言,因为在他心里,能有机会为祖国和人民做点事情就是自己最大的幸福。所谓的名和利,也只不过是过眼云烟罢了。

从1978年到1984年,童秉纲先后担任了中国科技大学近代力学系副主任和主任,并兼任流体力学教研室主任,带领流体力学教研室走向"中兴"之路,为中科大这个"中国科技英才的摇篮"的崛起发挥了重要的作用。1981年,童秉纲成为我国第一批博士生导师。

两个挑战,特色鲜明

童秉纲自研究生毕业留校任教以来,一直坚守在教学第一线,主讲理论力学、空气动力学、流体力学和涡动力学。他讲课思路清晰,论证严密,深入浅出,把玄奥的理论讲得通俗易懂,极大地调动了学生的学习兴趣。他还先后组织编写了《理论力学》《气体动力学》《涡运动理论》等多种教材。其中《气体动力学》成为国内多所重点高校和研究机构的教材和参考书,获1995年国家教委优秀教材一等奖和1998年教育部科技进步奖二等奖。《涡运动理论》受到读者青睐,还销售到台湾地区,受到台湾同行和学生的欢迎。他在非定常空气动力学、生物流体力学、航天器热防护气动热力学等前沿领域做出了系统的创造性工作,研究成果得到了各界的肯定和重视。1997年10月,70高龄的童秉纲当选为中国科学院院士。

提及教学生涯,童秉纲认为有两件"特别有挑战性"的事情。这两件事,促成了他独特教学方法论的形成，使他所教授的课程一直深受学生欢迎。

第一个挑战，是童秉纲1961年刚调到中国科学技术大学不久，便接到了系主任钱学森布置的任务，为首届1958级近代力学系学生补课。

钱学森认为这届学生的数学力学基础不够扎实，于是找到童秉纲，希望他担负起为他们强化力学基础的教学任务。这是一项十分棘手的任务，好像煮夹生饭一样。当时该年级有8个班、200多人，学生的基础参差不齐、程度不一，讲起课来众口难调。

经过认真思考后，童秉纲认为补课的关键是要引导学生学会力学研究的方法论。深思熟虑之后，他决定讲授最基本的但有深度的内容。这样既能帮助尖子学生加深理解，也能为一般的学生所接受，然后通过大量习题的训练，来重点解决如何从实际中来、又到实际中去的问题，帮助大家真正理解并建立起力学的思维方式，真正掌握力学的方法论。后来实践证明，童秉纲的这个方法是成功的。他在讲课中既传授知识，又启示其方法论，对当今的教学过程仍有许多非常实用的借鉴和很大的启发。

清华大学工程力学系教授朱克勤回忆："童先生讲课条理清晰，物理概念和数学推演并重。多年后的今天，课程仍然深深留在我的记忆中，在激发专业兴趣方面使我终身受益。当时的两册讲义，至今仍珍藏在我的书架上。"他介绍,正是由于童秉纲的引领,激发了大家的兴趣,当年高速空气动力学专业的15位同学中,有很多人几经周折后仍回到了喜爱的流体力学专业,终身从事这方面的研究。

第二个挑战,是1986年童秉纲调到中国科学院研究生院后,开始为研究生讲授涡运动原理课程。童秉纲认为,研究生阶段,课堂上仅传授知识是不够的,必须让学生学会独立学习和研究的方法。正因为此,童秉纲将授课时间从学校原定的60个小时改为36个小时。课上主要讲一些基本概念,细节问题都不讲,剩下的时间让学生做大量习题,让他们自己学习钻研,最后还要写成学习总结。涡运动原理这门课程,童秉纲讲了10年。他的学生、中国科学院力学研究所研究员樊菁说:"童老师上课主要讲关键的原理、关键的方法,所以给我留下了深刻的印象。"

上课时,童秉纲总是使用投影仪,并把讲课提纲复印后发给学生。樊菁至今仍清晰地记得:"童老师是我上学时唯一使用投影仪讲课的老师。当时老师将16开的讲课提纲发给我们,我们拿着提纲对着投影上课。"

循循善诱,育人楷模

1978年起,童秉纲开始培养研究生。1981年,他晋升教授，并受聘为我国第一批博士生导师。然而，他一生所培养的博士总数并不多。博士培养总数不多的原因，首先，是童秉纲在博士生招生方面比较认真，要求比较高；其次，每个博士生都在做不同的题目，需要花费很大的精力加以指导。此外，童秉纲一方面要不断学习新的知识，另一方面还承担着很多科研项目，在时间和精力上受到很大限制。

在人才培养方面，童秉纲认为，具有独立从事科学研究的能力并做出创造性成果，是博士研究生最根本的要求。因此培养学生富有独立自主的意识和锐意创新的能力，就成为促使他们高质量成才的关键。他是这样说，也是这样做的，他对每一位研究生都根据不同情况提出不同的要求，从科研思想、基本训练、方向选择、课题确定都给予规划。

多年来，在博士生的指导工作中一直存在着两种模式。一种是以导师的研究框架为中心，由博士生来填充和发展这一框架，前后接力，形成系列成果；一种是根据新任务或新动态，鼓励博士生去独立耕耘，闯出自己的新世界。

樊菁说，导师带学生在自己所熟悉的领域方面做工作，相对来说比较容易，因为情况熟悉，做出什么样的结果心里都比较有数；而做新的领域就难多了，甚至会有一定的风险，需要导师不断学习、不断判断，否则指导就难以谈起。

童秉纲始终坚持后一种培养模式。所以，他会为每一位博士生提出新的问题，希望他们能够独立构建一个新的研究框架。在研究的过程中，他会及时适当地给予指点，极力扶植学生的自主意识和创新能力。他鼓励交流和讨论。每周童秉纲都会组织学生在一起开会，让他们汇报、交流自己的进展与心得。

但是，童秉纲的严格在学生中也是出了名的。他的博士生很少有按期毕业的。中国科学技术大学近代力学系教授孙德军1991年随童秉纲读博，差不多读了4年，到1995年春季才毕业。在孙德军看来，童秉纲指导学生认真、严格又严谨。"我跟童先生接触，最早的印象是他对每一件事情都特别认真，交代事情都很清楚，我们一听完就知道第一步干什么、第二步干什么。第二个印象是他特别严格，希望每个学生选择一个独立的研究方

童秉纲院士与学生

向。第三个印象是特别严谨，从选题、调查到研究的每个环节都一丝不苟。"

已毕业的博士们都出色地完成了自己的研究课题，并在多项重要项目中取得了创造性的进展。目前，其中的大多数人，已经成长为国内外高校和科研院所相关领域的骨干和学科带头人。清华大学航天航空学院教授、博士生导师朱克勤，中国科学技术大学工程科学学院原执行院长、中科院院士陆夕云教授就是其中的两位。

20世纪80年代到90年代，童秉纲指导研究生主要取得了两项成果。其一，是建立了模拟鱼类波状游动的三维波动板理论，在此基础上定量分析了鱼类几种游动模式的形态适应问题，得出了若干新的结论。该理论多次被科学引文索引文章所引用，国际同行给予了充分肯定。其二是为了适应复杂构形航天器热环境预测的需要，他和航天气动热专家合作，发展了基于有限元方法的计算气动热力学。

20世纪末，童秉纲又踏上了新的征程。他主持中国科学院大学生物运动力学实验室，带领研究生在两个研究领域进行探索。其一是飞行与游动的生物运动力学研究。10年间，实验室有6名博士研究生取得了博士学位，并发表了创新的成果。中国科学院外籍院士吴耀祖在发表的综述文章中，共引述了该实验室发表的7篇论文。他将该实验室发表的小型昆虫拍翼的理论模型化解析途径列为开创中小型昆虫大攻角拍翼飞行研究领域的近期4篇代表作之一,并两次提及该实验室在鱼游领域提出的变形体动力学与流体动力学耦合系统。在《力学学科(流体力学)发展战略研究报告》之《动物飞行与游动的流体力学》中提到:童秉纲小组基于模型理论分析途径发展了二维拍动翼的半解析方法,前人提出的三个升力机制均能在该方法中体现。童秉纲研究群体通过实验手段从力学角度归纳总结出"数字鱼"模型。

其二是气动加热的工程理论。这十年间,面对高超声速空间飞行器的气动加热新问题,童秉纲带领团队,以模型理论分析方法为主,结合数值模拟手段,建立起解决高超声速气动热环境预测的工程理论,共培养了5名博士生,完成了高超声速飞行器非烧蚀热防护热环境预

2012年6月12日,中国科学院院士大会上童秉纲院士(右)和外籍院士吴耀祖在会议开始前进行交流

测、非定常气动热力学理论框架、尖化前缘气动加热受稀薄气体效应和非平衡真实气体效应的工程理论、壁面流动分离-再附产生高气动热的广义物理模型及其理论和应用研究等工作。其中稀薄气体效应和真实气体效应方面的工作被评价为"难得一遇""值得称赞"和"高度原创性"的成果，还被国家自然科学基金重大研究计划评为有"突出进展"，获得了连续三年的资助。流动再附点附近产生高气动热的广义物理模型被评价为"颇具新颖性和创新性"。这些工作不仅具有学术价值，还具有工程应用价值，因此，童秉纲应邀到多个科研院所做报告，受到了多个工程部门的关注，他们主动与课题组联系并签署了研究合同。

2002年，童秉纲获何梁何利基金科学与技术进步奖，2006年获"中国科学院第三届创新文化建设先进个人"荣誉称号。

以身作则，率先垂范

与童秉纲接触过的人都知道，童秉纲有一套"道德文章理论"。不论是在新生入学的报告会上，还是与研究生谈心时，同工作人员座谈时，他都不止一次地表达了他将道德放在文章的前面，做人重于作文的思想。童秉纲认为身教重于言教。在平时工作、生活中，他一直身体力行他所提倡的"道德文章"理论,用良好的道德品行谱写出做人的道德文章。

1975年,为了科研,已近五十岁的童秉纲去北京调研。当时生活条件极为艰苦,身为课题负责人的他和年轻教员在简陋、嘈杂的招待所同吃、同住,没有搞任何特殊化。大家都很佩服他,"这么大年纪还跟年轻人一样能干"!

20世纪80年代中期,童秉纲担任中国科学技术大学近代力学系主任。系里的一位老师身患绝症,家境不好。他不仅从物质上、精神上给予照顾,还在这位老师病故后,主动去关心、帮助其家属生活和子女成长。这位老师的女儿大学即将毕业,要求回中科大工作。当时中科大的人事编制比较紧张,因考虑已故同事多年来对学校的贡献以及两人之间多年来的感情,且这个女孩的学习、工作能力均不错,很少求人办事的童秉纲多次找校领导说明理由。最后这位已故同事的女儿终于留在了中科大工作。正是被他在工作上以身作则、生活上体贴同事的精神感召,中科大力学系的全体员工表现出前所未有的凝聚力,教学、科研水平空前提高,也因此中科大力学系在全国高校中崭露头角。童秉纲由此备受广大师生的尊敬和爱戴。童秉纲到北京中科大研究生院工作后,若合肥校本部的学生出差北京,只要他知道了,都要去招待所看一下,询问他们近期的工作、生活情况,像一个长辈一样关怀、支持、关注着他们的成长。

　　长期在童秉纲身边工作、学习的人都能深切地体会到：无论是搞教学还是搞科研，不管是逆境还是顺境，不论是在北京还是在合肥，"道德文章"在童秉纲的身上都有着充分而完美的展现。

面对科学，永不退休

　　每个人都有自己的兴趣爱好，因为良好的兴趣爱好不仅能够丰富自己的生活，更能为自己解压、放松。老年人的兴趣爱好，大多是种花养草、逗鸟钓鱼，或者是练习书法书画、下棋打牌。而同样作为老年人，童秉纲

童秉纲院士日常学习照

的爱好却有些出奇，既不养花种草，也不逗鸟钓鱼，而是一个让老年人不解、让年轻人汗颜的内容——散步。

散步是童秉纲人生中的唯一爱好。说是爱好，其实对他来说，也是工作。

他的日程安排中没有星期天、节假日，就连中午也很少休息。他的心中只有事业，除了工作还是工作，其余别无所好。随着年龄增长，教学科研任务日益繁重，担任近代力学系主任后，繁杂的行政工作又压在童秉纲肩上。渐渐地，他感受到自己的体力有点不支，精力大不如从前。为了能够更好地工作，在众多的运动项目中，他选择了散步作为自己的健身方式。

每天傍晚，童秉纲都要在校园里走上几圈，以调节神经、放松大脑。1986年调到北京中科大研究生院工作后，他根据北京的气候特点，选择下午四五点钟作为自己散步的最佳时间。只要不刮风，不下雨、下雪，童秉纲总是每天坚持自己到实验室里去拿报纸、散步，而且从不间断。久而久之，就成了固定习惯，散步也就成了他的主要爱好和他生活中的一部分。

但凡与他有过接触的人都知道，在这个时间里，无论是打电话，还是亲自上门，都不会找到他。起初，他散步只是为了拿报纸和活动身体。到后来，散步途中，他可以看报纸，可以与同事、学生谈论国家大事，交流思想，探讨问题。他还可以在散步过程中把一天的工作梳理一遍，归纳总结一下，把第二天的工作做一点简单的筹划布置。就这样，在他眼里，散步不仅是一种健身方式，更是积极工作的另一个重要平台。

自1986年到中国科学院大学任教起，童秉纲和夫人晋晓林已在中国科学院大学教工家属楼住了三十余年，晚年的童秉纲生活规律，依旧保持着活力。为了保持良好的身体状态，他养成了每天早上去超市买水，负重行走的习惯。

身体是革命的本钱。为了科学事业，童秉纲选择用运动来保持自己良好的身体状态，在散步中健身，在散步中工作。面对科学，永不退休。老科学家的敬业、爱国精神，永远值得我们学习和弘扬。

难忘桑梓，情系故乡

离开故土多年，童秉纲一直都在心底默默眷恋着自己的家乡——张家港。他说，家乡的阳光雨露哺育了他，家乡的人民支持了他，在有生之年回报家乡是他的心愿。从18岁离家之后，忙于工作的童秉纲很少有机会回到家乡，但家乡的一草一木、年少的往事却常常萦绕在他的心头。不管有多忙，对于从家乡前来拜访他的客人，童秉纲总是想方设法抽出时间接待。1998年，71岁的童秉纲专程回了一次家乡，看着家乡、母校日新月异的变化，抚今追昔，感叹不已。

2006年5月，童秉纲家乡的媒体记者前去采访他，他予以热情接待；10月，张家港市档案局一行4人赴北京拜访他，他同样热情地接待。当时张家港市档案局领导提出想要他个人在学术研究成果方面的有关资料，他一口答应了，并立即付诸行动。其实在这之前，他已多次拒绝了北京好几家单位的请求。2007年5月，他主动从北京打来电话给张家港市档案局领导，他说自己已将部分个人档案资料整理出来，请派员前去接收。张家港市档案局局长陈志芳前往北京，亲身感受到了他浓浓的桑梓情谊。他将自己127件个人档案资料捐赠给了张家港市档案馆，这127件珍贵的档案资料中有他在工作、学习、生活中形成的讲课笔记、论文手稿、学术专著等，也有与国内外著名大学、科研院所、知名人士来往的信函，还有1945年以来的珍贵的重要照片、重要演讲录像及奖状、证书、聘书等。

2012年，张家港市建县（市）50周年庆典，他特意发去贺信。他说："我深深怀念和感谢我的母亲和家乡父老的养育培植之恩，希望家乡日益美好光明。"2016年，张家港市撤县建市30周年，他为家乡题写了"长风破浪，云天一啸"的祝辞。

童秉纲院士为母校张家港市第一中学题词

多年来,童秉纲和老伴一直都居住在中国科学院研究生院的家属宿舍中,避开外界的纷扰,潜心科研,安然恬静地相守着。但故乡令他魂牵梦萦。1982年母亲去世后,家乡还有四妹童秉慈生活在那里。1998年,他曾专程回了一次家乡,看到家乡日新月异的变化,他感叹不已。

家庭和睦,手足情深

在童秉纲捐赠的这批个人档案资料中,有一张珍贵的照片,这是他们家唯一的一张全家福,摄于1950年7月29日。

凝视照片中4个胞兄弟和母亲的仪容,童秉纲妹妹童秉慈的思绪被拉回到了60年前。那年她才16岁,为了保证大哥、二哥和小弟的学业,成绩优异的她放弃了考大学的机会，和三哥一起早早工作，挑起了养家的重任。正因如此，他们兄妹之间的情谊特别深厚。几十年里，兄妹5人天各一方，但时空的距离隔不断他们真挚的亲情，他们时常在电话中畅谈。

1950年7月29日，童秉纲院士（后排中间）全家福

讲起母亲，他们兄妹共同的感受就是"母亲真不容易"。童秉慈回忆道，父亲去世那年，母亲只有37岁，最小的弟弟童秉枢刚满周岁，她4岁。开明而又颇有远见的母亲创造性地想出了让他们轮流读书的办法，确保他们兄妹5人至少全都读到了高中毕业。1950年夏，刚从南京大学机械工程系毕业的童秉纲又考上了哈尔滨工业大学的研究生，回到家中小憩。自从他们兄弟几个外出求学后，一家人难得聚到一起，眼看童秉纲又要离家，7月29日那天，母亲带着他们5人到照相馆去照了一张全家

福，并分别给了他们兄妹每人一张。历经变迁，这张珍贵的全家福最后只剩下童秉纲保管的这一张。家乡档案馆向他征集资料，童秉纲院士毫不犹豫地捐出。

捐赠仪式结束的当晚，童秉慈就通过电话向二哥陈述了捐赠仪式的情况。追忆昔日岁月，童秉纲院士对胞妹当年牺牲自己的前途而成就他怀有一份歉疚之情，他深情地对胞妹说：谢谢你们的支持。童秉慈爽朗地回应道：你是我们的骄傲。让他们兄妹倍感欣慰的是，他们的小弟童秉枢通过努力成为清华大学著名教授、博士生导师、享誉国内外学术界的著名学者。

谈起二哥，童秉慈兴致盎然。她说：二哥一心做学问，基本不问家里的事情。二哥的成就背后有着二嫂无数的心血，几十年来二嫂付出了自己的所有支撑着二哥。当然，二哥同样有着浓浓的人情味。他们兄妹前去探望，二哥会起早给他们准备早饭，但他只会烧开水和将从外面买的点心放进微波炉里加热，这足以表达他们之间的手足情谊。

埋头做事，无悔人生

回首往事，童秉纲曾深有感触地说："我最大的机遇就是赶上了末班车，赶上了能够有所作为的改革开放奔小康的年代。"

1981年，国务院学位委员会批准他为首批博士生导师，相应地在中国科技大学成立流体力学专业博士点。他一生指导了16名博士生（包括硕博连读生），从事非定常流与涡运动、生物运动力学、航天器气动热力学等多个领域的研究，发表论文近百篇，出版著作多部。

1997年，童秉纲以70岁的高龄当选为中国科学院院士，这可以说是他的"意外收获"。因为多年来，他埋头科学研究，所关心的是能多为社会做贡献，从不在意自己的个人得失。

童院士在79岁高龄时仍在指导着中国科学院生物运动力学实验室的6名硕博连读生，并承担着国家自然科学基金、中国科学院、中央军委总装备部的几个重点项目。为此，他要在几个领域不断学习新知识，要指导研

童秉纲院士生活照

童秉纲院士接受采访

究生分别达到预定的研究目标，要参加各种学术活动并做学术报告。总之，他仍活跃在科研的第一线。

童秉纲常说："我始终是一个习惯向前看的人，只要有点自由，就想做点事，以求无愧于人生。"在"人生在世一定要做事"的人生信条下，他"勤奋做事、低调做人"的处世态度和精神品格散发着永不磨灭的光辉。

2020年7月9日，童秉纲院士因病医治无效在北京逝世，享年93岁。

人生不为自己设限，才能不被时间所困，童秉纲用实际行动诠释了人生更多的可能性，为后辈树立了榜样！

曹楚南：
学然后知不足

曹楚南（1930—2020），江苏张家港人。腐蚀科学与电化学专家，中国腐蚀电化学领域的开拓者和奠基人。1991年当选为中国科学院院士。

曾经有一位记者请曹楚南写一句格言，曹楚南提笔写下了"学然后知不足"。他解释说："腐蚀科学是多学科渗透交叉形成的，常常需要补充新知识，我不是权威，才刚刚找到新的起点……"

"学然后知不足"出自《礼记·学记》，意思是说：经过学习才知道自己知识的不足。正是因为有了这样执着、努力、谦虚、严谨的态度，曹楚南才能在中国腐蚀电化学领域做出这样不朽的成果和贡献。无论是科研、做人还是做事，曹楚南均是我们学习的榜样和楷模。

大气、水、土壤，是人类生活中必不可少的。它们在成为生命摇篮的同时，也悄然无声地对人类生产创造的"财富"产生"破坏"。大气、水、土壤对物质材料的腐蚀，随着时间的延长而加剧，直至材料失效。据统计，我国因为腐蚀造成的直接经济损失，每年达上千亿元。为了保护我们创造出的"财富"，延长其"寿命"，无数优秀的学者参与到这场人类与环境的"战斗"中。曹楚南便是这场"战斗"中的领军人物。

书香门第，结缘化学

在今江苏省张家港市锦丰镇光明村，只要一提曹姓，人们无不竖起大拇指，一个劲儿地夸赞。在曹姓家族中，最值得人称赞的是兄弟6人全部都读到大学毕业的曹楚南院士家庭。

曹楚南，1930年8月15日出生于今江苏省张家港市锦丰镇光明村小圩埭。父亲曹仲道生于1894年，一直活到了100岁，一生经历了清末、民国和新中国，人生道路漫长而曲折。老先生爱好读书，尤其喜欢古诗文，可谓学富五车。抗战胜利后曾担任过常熟社教学院附属师范的教师。他治学严谨，造诣深厚，一生勤学不辍，与著名国学大师钱仲联先生交往甚厚。钱仲联（1908—2003），号梦苕，浙江湖州人，生于江苏省常熟市虞山镇，诗人、词人、古典文学研究专家，国学大师，苏州大学终身教授，长期致力于中国古典文学的教学与研究。与这样一位才气无限的国学大师交往，由此可见，曹楚南的父亲曹仲道并非一般的家长，他在子女的教育方面也是别具一格。

曹仲道有六儿两女八个孩子，其中六个儿子全部上完大学，并在各自的领域中奋发有为，做出不朽的成绩。可惜的是，两个女儿却因为当时特殊的时势变化而未能跨进大学门槛。此事也成了曹老先生的终身憾事。大儿子曹融南生于1915年，1937年毕业于南京中央大学文学院中国语文文学系，曾在江苏武进女子师范和上海同济大学等校任教，中华人民共和国成立后历任上海师范学院、上海师范大学中文系古代文学副教授、教授以及魏晋南北朝文学专业硕士生导师等职，1987年受聘为上海市古典文学研究会顾问。二儿子曹福南毕业于上海交通大学，后任大连铁道学院机车车辆系教授。三儿子曹献南1951年毕业于同济大学医学院，后任上海国棉35厂医院主任医师，退休后定居常熟。四儿子即为曹楚南，因生养时父母在汉口工作，故取名为"楚南"。五儿子曹殿南毕业于哈尔滨工业大学，曾是上海金陵无线电厂的高级工程师，改革开放的大潮中他扔掉了铁饭碗，效力于一家私营企业。六儿子曹淞南毕业于浙江大学水利系，后在家乡的无线电元件厂从事技术工作。七女儿曹宝意参加高考取得全县数一数二的好成绩。八女儿天资聪颖，但在十岁左右时患上脑膜炎，读完初中即遇上上山下乡运动，返城后在纱厂工作，一直做到退休。

从曹家子女们极其优异的学习成绩及工作成果中可以看出，曹楚南的父亲曹仲道老先生在儿女的学习培养上所付出的大量精力和心血。在曹楚南的记忆中，父亲的大部分时间总是花在读书和写字上，尤其是喜欢读线装古书和写毛笔字。偶尔有闲暇便去街上的茶馆中喝茶，帮助乡亲们排忧解难，为族里的人明断是非。"父亲很有民族骨气，作为乡间一位极有声望的读书人，在日寇侵占期间从来不为侵略者做事。"曹楚南曾这样回忆自己的父亲。

兄弟几人中，曹楚南与二哥曹福南最亲，关系最好，因他曾经跟随二哥读书好几年。1937年，曹楚南刚在中兴小学读书不久，家乡就被侵略者的铁蹄蹂躏，小学停办。父亲将他送到乡下的一家私塾里学习，曹楚南记忆力很好，先后读完了《论语》《孟子》等国学书籍。1942年，曹楚南小学毕业，他的二哥曹福南当时刚从交通大学毕业，回到家乡任中学教师。由于与二哥关系最亲，曹楚南就跟随二哥，到二哥所任教的学校读书学习。在"东沙洲"一所新办的"静山中学"读了半年之后，转到大南中学（今沙洲中学）再读一年，后又转至梁丰中学读初中二年级，直至1948年高中毕业。在梁丰中学读书时，最初曹楚南的数学、物理成绩并不好，随后通过自我补习，他才对理科产生了浓厚的兴趣。现在想想，如果当初他不自我补习的话，也许我们现在就看不到一个从事腐蚀科学与电化学科学研究的曹楚南院士。

1948年，即将迎来高三统考的曹楚南突然患上了急性阑尾炎，手术后身体仍旧十分虚弱。当时，由于医疗条件较差，患上急性阑尾炎并不像现在一样，是个小病，到医院做个小手术，休息几天后就能康复这样简单。尽管如此，曹楚南仍坚持返校，并参加了上海几所大学的招考，最终被上海同济大学数学系录取，成为新中国培养的第一批本科生。

"那时候，每个大学自己组织招生考试，我那个时候身体不好，急性阑尾炎手术后需要休息，所以状态也不好。班上两个同学要考，非得拉我一起去，我一共参与了四所高校的入学考试，身体吃不消了；后来看到同济大学在报上登出录取名单，我被录取了。"对于当年的高考，曹楚南后来这样回忆道。

进入同济大学之后，曹楚南原先读的是数学系，但后来由于他自己觉得化学同生产的联系更为密切，1950年，曹楚南便又从数学系转至同济大学理学院化学系，从此开始了他最热爱的化学专业学习。1952年，22岁的曹楚南积极响应国家的号召，提前一年从同济大学毕业，到上海的中国科学院物理化学研究所，开始从事电化学和金属腐蚀研究。1953年，中国科学院物理化学研究所从上海搬迁到吉林省的长春市。曹楚南也随之来到这里，先后在长春应用化学研究所和沈阳金属腐蚀与防护研究所从事金属腐蚀与防护研究。

关于自己的工作，曹楚南曾经这样解释道："我做的工作领域属于材料科学的一个部分，也就是将电化学应用到材料科学，因为从人类文明讲起来，材料是必不可少的，是人类文明的一个物质基础。那么从材料来讲，除它的制备、它的组织结构、它内部的性质以外，还有更重要的是材料在使用情况下的行为，即它的性能，这个用英文讲就是'performance'——那么这里就牵涉到它的使用，能使用到什么时候失效了，没有效了，所以腐蚀是材料的使用行为中的一种，而这个过程绝大部分是电化学的过程。这就是我从事的工作，我主要研究这一部分。"

从无到有，从有到精

曹楚南大学毕业刚参加工作时，中华人民共和国刚成立不久，百废待兴。腐蚀科学研究，在国内几乎是一片空白。没有先进设备，更找不到相关书籍、资料，一切只能从零开始。幸亏曹楚南上学时期在外文方面有着极其扎实的基础。于是，凭借过硬的外文功底，曹楚南与人合作，连续翻译了3本国外腐蚀学科方面的著作。后来，为了掌握更多的研究资料，他又自己花费大量时间单独翻译了2本国外著作，为日后腐蚀学研究工作打下了扎实的基础。

书到用时方恨少。学无止境，有时候我们不能仅局限于一门学科或是一门知识的学习，认为自己该学的学完了就好了，别的与学习任务无关的知识就可以不用学。相反，如果我们在学好现有知识任务的基础上，多方面去接触和学习一些其他的理论知识，那么我们在将来的成长、工作和生活中就会有更大的收获和惊喜。就像曹楚南院士一样，学的化学专业，但化学专业学好之余，还能够主动学好外文，于是，工作之后遇到困难时，这门化学专业之外的外文学科就起到了很大的帮助作用。所以，多学、好学，对于我们个人成长还是十分有益的。

正是因为有了曹楚南这样攻坚克难、遇水搭桥的执着精神和坚强毅力，国内的腐蚀化学研究这门学科才开始慢慢建立起来。国外在腐蚀化学学科方面的一些先进著作和理论知识也才能通过翻译慢慢进入中国，对中国腐蚀化学的建立、研究起到了重大作用。

20世纪50年代，曹楚南研制出三氮杂苯型高效酸洗缓蚀剂并得到大规模生产应用。20世纪50年代末，曹楚南担任关于铝合金阳极氧化的研究课题的实际负责人。他在国外的研究结论中,发现了一种隐秘的新规律。

曹楚南回忆道:"要算那个曲线,现在很方便。可那时候要数字计算,没有计算机也没有计算器。为了能够得到准确数据,从吉林大学借了一本五位数对数表的书,来回算,在纸上整整算了一个月,最后终于把曲线全部算出来。"

当时,曹楚南一个人躲在实验室夜以继日地演算。一连几个星期下来,瘦了一大圈的他终于证实了自己的观点,得出了基于膜在生成过程中同时进行化学溶解过程的动力学理论方程式,从而使我国的腐蚀电化学在理论上有了重大突破,更为铝合金在日常生活中的应用工艺提供了理论基础。阳极氧化在我们现实生活中的应用也是很广的,例如对门窗进行阳极氧化。实际上表面的处理工程,不但可以改进它的防腐蚀性能,还可以使它的这个表面更好看、更美观一些。

1962年,曹楚南乘胜追击,在此基础上研制出了一种能在铜含量很高的铸铝合金上生成完整的阳极氧化膜的方法,顺利完成了一项重要的国防任务。

那时候有部电影《火红的年代》,里面讲到一个快艇试验:快艇速度是上去了,这个钢也受得住,但是它的耐腐蚀性能不够。后来海军方面也来找过曹楚南,他圆满完成了这方面的研究,不但能很好地提高快艇的速度性能，还使快艇的防腐蚀性能也有所提高。

曹楚南总是不断提出新的创造性的理论和观点，推动腐蚀电化学理论的发展，更重要的是他的科研成果被广泛应用于生产和实践，减少了国家财产的损失。

早在20世纪60年代，四川省开发了含硫天然气，输送管道材料选用了日本的一种钢材。谁知在使用短短几个月后，钢材便被腐蚀，多处发生泄漏，引发爆炸事故。曹楚南临危受命，第一时间赶赴四川，寻找解决途径。

四十五里山路，有下山有爬山，每个区域做实验，下山带点吃的东西，吃完还要再爬回来。

在一线待了一个多月，经过多次实地考察实验，他创造性地提出了缓蚀剂的"后效"概念及增强后效的途径，并将这种缓蚀剂应用到了管道防护上，有效解决了因硫化氢腐蚀造成的油管断裂和气井爆炸的实际问题，大幅降低了国家财产的损失。后来，此项研究成果荣获1978年全国科学大会重大科学成果奖。

1969年末，曹楚南到长白山下的山区农村工作。即使条件再苦，但他仍然不忘自己的学习，随身携带的全部家当便是最珍爱的书籍。可到了那里，曹楚南却发现，由于当地条件艰苦，书带过去了却没有地方放，也没有办法看。结果，三年多后，书还是给带了回来。可这时，很多书都已经被老鼠给啃掉了。

尽管如此，这并不影响曹楚南的勤奋学习。劳动之余，曹楚南虽然不能看书，但脑中却始终在思索着他当年的科研工作，并且因为长期的思索，他在这方面有了很多研究心得。

1973年5月，3年多的农村岁月终于结束，曹楚南被调回研究所。一心想着科研的他格外兴奋，非常珍惜来之不易的科研时光，将全部精力都扑到了事业上。

20世纪70年代，在元宝山电厂30万千瓦进口发电机组锅炉的酸洗工艺研制中，曹楚南从理论上做了重要指导，使生产工艺达到国际先进水平，获水电部重大科技奖。此外，1979年以前，曹楚南曾在钢铁表面磷化处理、铝合金和镁合金的阳极氧化处理、铅的土壤腐蚀、腐蚀实验数据的统计分析、酸性缓蚀剂、天然气井缓蚀剂低合金钢的海水腐蚀和钢铁的局部腐蚀等领域从事过应用研究和基础研究，做出了卓越的贡献。他成功研发出钢铁表面处理新工艺，制成了铝线绝缘膜，发展了一种新型镁合金阳极氧化槽液，研制成酸洗缓蚀剂，提出了低合金钢在海水中局部腐蚀性能快速评估的方法，等。

1979年起，曹楚南积极倡导在我国开拓腐蚀电化学研究领域，并在此后专门从事这一领域的基础研究。在这个研究领域，他将电化学基础理论、腐蚀科学理论相衔接，总结出腐蚀电化学的研究对象、任务、特点及基本规律。围绕该领域，他从事过金属的阳极溶解过程缓蚀剂的吸附及缓蚀剂作用机理、钝化膜的稳定性、电化学瞬态测量技术及其理论、不可逆电极过程的电化学阻抗谱理论及其应用和腐蚀电化学研究与测量技术等方面的研究。

"家里的事情基本不管，都是我母亲在操持，他一心扑在这个工作上面。所以在恢复科研工作的时候，他可以一下子拿出他这么多年的一些心得、一些工作方面的成果。"曹楚南女儿曹家绶回忆说。

经过一段时间的调查和论证，曹楚南提出了局部腐蚀"自催化效应"理论。1985年，经过不断的整理、扩充，他撰写了第一本系统论述腐蚀电化学理论和研究方法的专著《腐蚀电化学原理》，首次提出了一套比较完整的腐蚀电化学理论体系并纠正了一些沿袭的错误观点，使腐蚀电化学这一学术领域为国内外同行所承认和重视。迄今为止，它仍是国内外唯一论述有关金属腐蚀过程的电化学理论专著。这本书把腐蚀怎么发生，发生的情况什么样都讲得非常清楚，它指导了很多人的发明、研究。对于腐蚀电化学这门学科来说，《腐蚀电化学原理》是个最基本的工具，就和现在的《新华字典》一样，所以现在很多高校、研究所都把它当作腐蚀学科的基本教材。

1987年，中国科学院批准在沈阳筹建金属腐蚀与防护研究所，曹楚南被任命为中国科学院腐蚀科学开放实验室主任。两年后,他的"电化学阻抗谱研究",在国际同行中引起轰动。1989年,第一届国际电化学阻抗谱学术会议在巴黎举行,曹楚南作为亚洲唯一的与会代表,在会上作专题报告。站上台的那一刻,聚光灯闪烁,这标志着我国的电化学阻抗谱研究昂首跨入了国际先进行列。

继20世纪七八十年代取得一系列科研成果并应用于工业生产和国防建设后,曹楚南又在"八五"期间担任了国家级重要项目"我国自然环境腐蚀数据积累及基础研究"的主持人。在他的主持下,项目经过5年的联合攻关,持续积累了有关数据12.5万个,为一大批国家重点工程项目的建设提供了重要依据。

腐蚀化学研究实际上是一个很长、很连续的项目,一个比较大的项目。曹楚南他们把金属的样品,包括金属上带涂料的样品都埋在一个地方,放置1年、2年、4年、8年,不断地采样,把这个地方的数据采出来,然后进行研究。

当时,举世瞩目的三峡工程正在筹建中,工程建设中的材料问题亟待解决。曹楚南领导的课题组向三峡工程指挥部及时提供了"三峡站材料埋地三十三年的土壤腐蚀数据和试验研究结果",受到了国务院有关部门的高度重视。

随后这个成果,在全国很多地方都被用到。曹楚南及其团队的这个"大数据",不仅用在了全国很多地方的管道工程上,就连南海里面都应用了这个数据。

作为腐蚀电化学专业的学术带头人,曹楚南直接参与指导了数百项研究项目。他倡导开拓电化学研究领域以使电化学基础理论与腐蚀科学理论相衔接,探讨了腐蚀电化学的研究对象和任务、特点、基本规律,出版专著《腐蚀电化学原理》,从平衡热力学、不可逆过程热力学、多电极系统和多反应耦合系统的电极过程动力学等方面论述了腐蚀电化学的特殊规律,纠正了国内外沿袭的错误学术观点,对实际中的一些重要腐蚀现象和过程的电化学本质做出了严谨的理论解释,形成了比较完整的理论体系。他研究了最深腐蚀孔深度统计分布和腐蚀活点平均密度统计推断等非高斯分布的数理统计问题,从理论上导出了关于最深腐孔深度、金属构件腐蚀穿孔前使用寿命和腐蚀活性点平均密度的概率方程,使我国在这方面的研究处于国际领先地位,特别是他应用随机过程理论对科学前沿问题——孔蚀过程中的电化学噪声进行了系统研究和理论处理,推导出电化学噪声的谱功率密度方程式,证明孔蚀过程中的电化学噪声在低频段是"白噪声";他分析了"在直流上叠加交流会使钝化困难,钝化膜稳定性下降"这一国外观点的不全面性,发现对于合金含量低的不锈钢Cr13钢经优选条件载波钝化后,钝化膜稳定性可以提高几个数量级,为延长不锈钢构件的使用寿命和扩大Cr13钢的应用范围开辟了广阔前景。曹楚南创造性地将定态过程的稳定性理论引入EIS（电化学阻抗谱）研究，导出理论公式并阐明了公式中参数的数值关系与各种等效电路及EIS图谱的对应性，完成了下列五个方面的工作。一是导出有钝覆盖的金属电极法拉第阻抗力方程式并解释了孔蚀诱导期的阻抗谱特征。二是提出了钝化金属电极恒电位阶跃下电流瞬态响应方程式和数据处理方法。三是提出了金属电极在加有缓蚀剂溶液中EIS的理论公式和图谱解释。四是提出了EIS数据解析思想并编制了相应的计算机软件。五是研究了EIS的K-K转换条件。此外，曹楚南还研究了国际上普遍测量腐蚀速度的线性极化电阻法，计算了这种方法的理论误差，指出存在的问题，提出了可以避免这些问题的微分极化电阻测量方法的理论，设计的仪器获国家专利并转让工厂生产。他提出了适用于高阻系统的电流扫描测量方法，提出了腐蚀金属电极在恒电位阶跃下电流瞬态响应公式、数据解析方法及相应的计算机软件，提出了电化学过程、扩散过程控制的腐蚀金属电极四参数极化方程、利用弱极化曲线拟合测定腐蚀速度动力学参数的方法，论述了缓蚀剂在电化学研究中存在的问题并提出了解决办法……在曹楚南的工作生涯中，他共取得学术成果16项，其中被鉴定为达到国际领先或先进水平的成果有5项，获得国家级重大成果奖12项，获得中国科学院及部委级科技成果奖10项。

1983年，曹楚南获得"长春市特等劳动模范""吉林省劳动模范"和全国总工会授予的"全国优秀科技工作者"等称号。1985年，获得全国五一劳动奖章。1991年，获得国务院政府特殊津贴，同年当选为中国科学院技术科学部学部委员（院士）。一个个荣誉称号的取得，也一次又一次印证了他在腐蚀电化学研究领域中取得的丰硕成果。

1994年，曹楚南从长春调至杭州，成为浙江大学化学系教授，进一步拓展研究领域，建立了电化学研究室，从事应用电化学研究。1998年5月，被中国科学院东北高性能材料研究发展基地聘为学术顾问。1998年8月，兼任浙江大学环境与资源学院院长。

20世纪90年代后，在承担繁重的科研工作的同时，

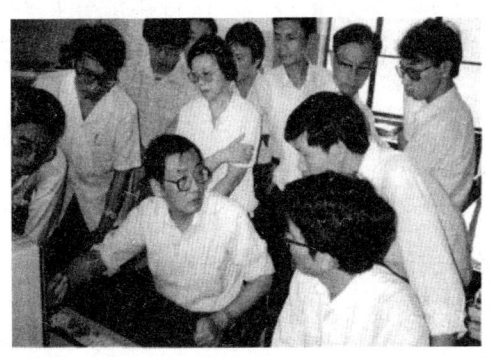

1993年，曹楚南在厦门中国科学院物质结构研究所作腐蚀电化学原理讲座时与参加者研讨

东渡码头再扬帆

1992年与美国南加州大学材料科学与工程系教授曼斯菲尔德在南加州大学校园的合影

曹楚南又担负起培养金属腐蚀与防护研究方面科研人才的重任,不仅在国内担任博士生的指导老师,而且还与世界著名的曼斯菲尔德教授等合作培养了一批电化学的博士生。2002年,与张鉴清教授合作撰写了《电化学阻抗谱导论》。2005年,出版专著《中国材料的自然环境腐蚀》。

曾经有一位记者请曹楚南写一句格言,他提笔写下了"学然后知不足"。他解释说:"腐蚀科学是多学科渗透交叉形成的,常常需要补充新知识,我不是权威,才刚刚找到新的起点……"

回顾自己的学术人生,曹楚南在1996年的《院士自述》中这样写道:"其实,治学要用笨功夫是大家都知道的道理,只是我对于这个道理,是通过学习中的成功与失败和工作中的摸索,比较晚才切身领悟到的。"

而这所谓的"笨功夫",曹楚南说,就是下功夫,下功夫学,不知道的要去学。

曹楚南女儿曹家绥也说:"我们从小并不是像别人家的孩子一样,父母在星期天可以带他们出去玩玩,或者是晚上看看你的作业。反正我们家里的情况是,我父亲的工作是第一位的,他在家里的时间就是在桌子前面,不是写就是看。所以我觉得他确实是在这方面下了很多很多功夫的。"

伉俪情深,师徒谊厚

1948年起,曹楚南便离开家乡,外出求学、工作。20世纪80年代,老母亲还健在时,他多次陪着母亲回到家乡。在他的记忆中,最清晰、最深刻的就是自己的母校——梁丰中学。

"青龙桥往东一直到头就是梁丰中学,老梁丰中学。大门进去,那时已经有两层教学楼了,就在大门左侧,右边是操场,教室在左边二楼上,宿舍就往里面一点。"曹楚南的记忆依然清晰。

曹楚南的老家有一棵古银杏树,这棵有着三百多年树龄的银杏在春雨的滋润下愈发显得生机勃勃。看着郁

> 以社会主义的荣辱观指导
> 自己的思想与言行．
> 与母校同学共勉．
>
> 曹楚南
> 2006年5月

2006年5月曹楚南写给母校同学的寄言

郁葱葱、高耸挺拔的银杏树的照片，曹楚南不禁惊叹一声："它还活着呀！"银杏树就生长在曹楚南夫妇曾经就读的有着悠久历史的原中兴小学校园内，它将曹楚南夫妇的思绪一下带回到了纯真的青少年时期。

曹楚南和老伴李景莲是小学和初中同学。少年同窗，爱情的种子早早地埋在了他们的心中。18岁那年，即将出外求学的曹楚南抓住机会用书信向爱慕已久的女孩表明了自己的心迹。大学毕业后被分配在上海工作的曹楚南得知自己将要随中国科学院上海物理化学研究所搬迁至东北，立即加快行动，毅然与爱人携手走进了婚姻的殿堂，从此他们的命运便紧紧地连在了一起。"执子之手，与子偕老"，他们将所有的海誓山盟都写在了行动上。无论在何时，也无论在何方，他们始终执手相伴。有老伴的爱心温暖和全力支持，曹楚南挺过了一个

2005年8月曹楚南夫妇在呼伦贝尔草原合影

又一个难关。看着形影不离跟随自己的老伴，曹楚南满怀感激地说："有一件事我记得特别清楚，隔离审查的那段日子特别难。有一天，老伴送来了一锅热气腾腾的米饭，我的眼泪唰地就流了下来。要知道，在东北大米是极其珍贵的。老伴无声的支持让我更加坚定了信念，度过了非常时期。"

曹楚南夫妇一生共养育了3个子女。大女儿在坚持不懈的努力下，考上了延边大学化学系，找了个志同道合的夫君，一同成为父亲的助手。二女儿在1977年的高考中被武汉大学化学系录取，毕业后被分配到南京药学院教授物理化学，现已赴澳大利亚定居。幼子1978年考上西北工业大学航空发动机液压传动控制专业，毕业后被分配到沈阳黎明航空发动机厂工作，现任中国航空技术珠海公司的斯巴克公司总经理。

从1994年调至浙江大学任教起，曹楚南院士便在杭州市西湖区的求是村居住，一直至去世，有20多年。这期间，虽然年事已高，腿脚不便，曹楚南院士依然克服困难参加一些必要的活动和学校的学术、学科、学部会议，主持一些重大研究项目，审查审核学术论文和博士论文，等，心境淡泊而高远。

曹楚南的学生经常来探望老夫妻俩，就连每次到医院体检，也会有学生提前早早出现在医院里等候。而曹楚南每次都催促学生赶快回去，别耽误了工作。中山大学化学工程与技术学院教授、博士生导师、院长刘鸿感慨道："希望和曹老师一年能见上两次，出差到附近，就争取见个面。曹老师教我们最重要的一个就是坚持科学是非的观念，每当遇到问题的时候，我都会想起当时老师所教的这句话。"

曹楚南在教学生涯中与学生建立了深厚的感情，更为国家培养、输送了一大批腐蚀电化学方面的专家。2020年8月27日，曹楚南在杭州逝世，享年90岁。

时光荏苒，往事依依。从梁丰起步，曹楚南在科学的道路上不断拾级而上，洒下一路光辉。作为我国腐蚀电化学研究领域的倡导者和学术带头人，他把一生的心血和精力倾注在自己热爱的事业上，"化腐朽为神奇"是他一生不变的追求！

章申：
我所做的，都是我应该做的

> 章申（1933—2002），江苏张家港人。景观地球化学研究者，中国化学地理、环境科学开拓者之一及主要学术带头人。在国内率先开展环境中化学元素分布与克山病等地方病关系的研究，提出有关化学地理与生物地球化学的系统学术思想，在环境科学与环境保护工作中做出了重要贡献。1993年当选为中国科学院院士。

章申是我国化学地理和环境科学开拓者之一和主要学术带头人。他创建了中国科学院地理研究所微量元素实验室和化学地理研究组，主持多项有关环保的重大研究项目，参与国家环保科技规划的制定，曾主持珠穆朗玛峰地区表生地球化学研究，进行过官厅水库水源保护、长江水系水环境背景值的研究，并对大骨节病、克山病也有针对性的研究。发表过《我国西藏南部珠穆朗玛峰地区冰雪水中氘和重氧的分布》等150余篇论文，编写专著4本。曾获全国科技大会奖、国家科技进步奖二、三等奖及多个科技成果奖项。

当有人赞誉他为中国和世界地理科学所做出的成绩

时，他总认为："我所做的，都是我应该做的，离地理与环境科学的殿堂还有很长的一段距离！"

勤奋好学，以书为食

章申，1933年10月24日出生于今江苏省张家港市锦丰镇三兴。父亲章太和是当地著名的开明人士，中华人民共和国成立后曾经先后担任常熟市工商联秘书长、政协委员。抗日战争爆发后，童年阶段的章申曾经随父母一起到张家港市鹿苑的祖父家避难。

虎父无犬子，受父亲影响的章申从小就知道要勤奋学习，将来长大后为国家、人民做贡献。1949年，章申考入梁丰中学，高中三年的学习生活为他日后走上科研

留学时期的章申

的道路奠定了扎实的基础。一方水土一方人，生在江南水乡，章申从小就对江南鱼米之乡的肥沃土壤产生了兴趣，是江南鱼米之乡的肥沃土地养育了他，也使他从小对土壤的神奇充满了无限热爱和向往。1952年高中毕业后，章申考入了南京农业大学土壤系，此后一生都与地球科学研究相伴。

大学毕业，是每个人人生中最值得骄傲的时刻。可当时的章申却并没有因为大学毕业而终止学业。相反，他选择了继续学习深造。1956年大学毕业后，章申又以优异的成绩考取了高教部的留苏研究生，先到南京大学化学系继续深造。说起在留学苏联研究方向上的选择，他本可以选择当时最为火热、吃香的专业，可他思考再三，却以党和国家的需要为第一，以个人的专业基础和学科发展的前景为立足点，从"国家十二年科学规划所需专业"中，选择了在当时比较冷门和稀有的生物地球化学作为他的专业和研究方向。用章申自己的话说，我是为了祖国建设需要而读书的，因此，我的专业必须与祖国建设相关。

不久，章申便前往莫斯科大学生物土壤系就读研究生，从事微量元素景观地球化学和生物地球化学的科学研究。为了能及时了解学科研究的进展和科学的发展，他如饥似渴地学习，遍地"发狂"地买书。每2～3个星期就要跑遍莫斯科的书店，寻找研究所需要的书籍和刊物。当时很多同学都劝他，书有什么好看的，有莫斯科郊外的夜晚迷人吗？而在章申眼里，科学的魅力却远远胜于那莫斯科郊外的迷人夜晚。当时的助学金，除生活费以外，他几乎全部都用在了购买书籍上，以至于学成归国时，他的书籍装了整整几大箱子。这些书籍后来成了他应用研究的巨大财富。四年苦读，终有收获，章申以优异的成绩获得了莫斯科大学生物学副博士学位。

学成归来，奉献祖国

1962年，章申学成归来，进入中国科学院地理研究所，开始了他的地学研究之梦。在此，他创建了微量元素实验室、化学地理研究组（室）及环境生物地球化学开放实验室。

20世纪50年代以后，章申一直从事黑钙土、褐土地、棕壤、黄壤、红壤和砖红壤以及河湖沉积物种生命与污染微量元素含量分布及成因规律研究。他通过我国陆地水中约30种微量元素的含量分布和赋存形态研究，揭示了陆地水环境地球化学规律。20世纪60年代，首次揭示珠穆朗玛峰地区冰、雪、水中氢氧同位素的含量、分布和分馏规律，促进了我国高山极地水环境地球化学的发展。1967年，他与三位同事一起来到了延安革命老区，开始了对当时世界上都没有攻克的大骨节病和克山病等地方病的调研防治工作，试图从地理环境、环境元素含量分布、迁移与病因的关系来研究疾病的预防和治疗。他们与中国科学院土壤所等单位的研究员一起，深入病区广泛调查研究，发现那些地区水体中硫元素含量偏低，经过认真分析后，与其他研究人员一起提出了"大骨节病硫酸根疗法"。这一疗法，成为20世纪70年代中国防治大骨节病的主要方法之一，也引领和促进了我国地方病和生物地球化学疾病因学说研究的大规模开展。

1973年，由于我国水污染愈来愈严重，章申又以极大的热情投身到地球环境科学研究中去，承担的第一项任务就是官厅水库水污染与治理研究。作为该项目的主持人之一，他和国内科研院校研究人员一起进行大协作攻关，综合应用地学、化学、生物学、土壤学的原理与方法，经过三年奋战，圆满完成这项国家级任务。这项研究成果为中国开辟水环境研究、防治水污染提供了一套完整的研究程序、原则和方法，总结出的一些带有基础应用性的环境科学理论，有力地推动了中国环保事业和环境科学的开展；该成果获全国科学大会奖。随后，他还系统揭示了运河、湘江等河湖重金属污染规律，提出了水体污染的防治措施。他的成就丰富了环境科学，开拓了中国水环境地球化学研究新领域。

章申曾富有预见性地强调："可持续发展是21世纪

地理研究的新生面。可持续发展战略是破解环境与发展问题的一把钥匙。"

20世纪90年代,章申进一步拓宽研究领域,主持完成了"长江水系环境背景值研究"国家科技攻关课题,全面揭示长江水系5800余个水、泥、生物样中约30种微量元素背景值、空间分布、形态分配以及在湖泊沉积物中的历史演变规律。在环境保护实践基础上,提出环境问题形成的源、流、场、效应链式机制和防治对策。该研究成果获得1992年中国科学院科技进步奖一等奖、1993年国家科技进步奖三等奖。由于成就显著,1991年,章申被选为欧洲科学与艺术学院(奥地利)成员,1993年当选为中国科学院院士(地学部),1995年当选为国际欧亚科学院院士。章申先后访问美国、苏联、意大利、澳大利亚等多个国家,与国际专家进行学术交流,多次参加国际学术会议。当有人赞誉他为中国和世界地理科学所做出的贡献时,他总是十分谦虚地说:"我所做的,都是我应该做的,离地理与环境科学的殿堂还有很长的一段距离!"

直面困难,磨砺成长

1967年,陕西一些地区的插队知青备受地方病的折磨。章申和同事们与当地医生合作,深入病区和生产队、蹲点实行"三同"（即同吃、同住、同劳动），采用点面结合的方法，开展了大骨节病、克山病水土病因调查研究。此外，他还积极参加省卫生工作队，深入重病区防治地方病。寒去春来，在病区一待就是6年。前两三年主要在山大沟深、林子较多的陕北黄龙县克山病、大骨节病高发病区和毗邻非病区，结合病情调查，研究病区和非病区水、土、粮等化学元素成分分布和分异的不同，同时也注意了解和学习当地群众长期以来防病、治病的经验。经常一天徒步几十里采样、运样，有时运气好一点，可租借到自行车，以车代步。一个寒冷的冬天，章申和同事罗修岳完成病情和采样工作，清早运样品返回营地，由于事先对山区道路估计不足，即将翻山越岭时，太阳已经快要落山。而此时的章申与同事早已粮尽，饥寒交迫，进退两难。虽然始终坚持前进，但在恶劣的条件下，他们已预感不久会倒在这荒山野岭之下，陷于危险之中。就在一边艰难缓慢向前，一边商讨对策之时，他们忽然听到远处山上传来汽车之声，抬头向四处望去，隐隐约约可见运送木材的卡车在山梁顶部徐徐通过。危难之中见到希望，他俩立即放声呼救，并挥动双手，召唤救援。卡车终于停了下来，当时由于长时间的走动，他们已经很难站立和行走。幸亏司机看到求救信号后及时下山搭救。吃完司机带下来的干粮，章申被搀扶上车，在夜幕中坐上运木材卡车回到黄龙县城。

冬春季节病区克山病流行甚重，病人急性发作一般不容易被抢救，大骨节病严重的患者常失去劳动力，如何解除病人的痛苦已是他们日夜思考的问题。通过前期调查研究，他们发现一般病区水、土中含硫量较非病区低，同时考虑到当地小煤窑区很少发生大骨节病等现象，又考虑到骨关节的硫酸软骨素与人体硫代谢等因素，经过卫生队全体集思广益，逐步形成通过在食物中增加一点硫来解除病区群众疾苦的方法。章申和中国科学院土壤研究所在陕西麟游县的生产队里开始搞硫酸根疗法的试验。首先他们自己在饮水和馒头中加少量硫酸盐，服食一段时间觉得安全后，再和西安医学院病理学大夫、县医院医生和生产队的赤脚医生在一个大骨节病重病区的生产小队里，每天给村民家里水缸中加一定量的硫酸盐，调控水的酸度为微酸，接近中性（pH6.5左右）；进行防病、治病的临床观察试验。当时确有一定的效果，这就成了当地20世纪70年代防治大骨节病的硫酸根疗法（现在已采用服含硒片的方法来防病治病）。在研究地方病这段时间内，章申不仅在生物地球化学病因上取得成果，更在极其艰苦的条件下受到了锻炼。而这样的磨砺更让他终生难忘。

夫妻院士，伉俪情深

章申、匡廷云院士

熟悉章申的人大多知道，他不仅出身名门，更拥有一个院士家庭。他的妻子匡廷云（1934— ），植物生理学家，中国科学院植物研究所研究员。1934年12月29日出生，四川资中县人。1956年7月毕业于中国农业大学土壤化学系，1962年8月从苏联莫斯科大学生物系研究生毕业，获副博士学位；1962年9月至今历任中国科学院植物研究所助理研究员、副研究员、研究员。1995年当选为中国科学院院士。长期从事光合作用光合膜的研究。

中华人民共和国成立那年，匡廷云15岁了。1950年，匡廷云有幸作为全国学联代表，到重庆参加西南学生代表大会，亲耳聆听到了当时担任西南军政委员会领

东渡码头再扬帆

导职务的邓小平同志作的形势报告。匡廷云记得,当时邓小平同志作了整整一下午的报告,给青年学生指出了三条革命路:一是留在本地参加土地改革;二是参军参加抗美援朝;三是努力学习,建设新中国。听了报告的匡廷云非常兴奋,暗下决心,一定要努力学习,建设新中国事业。正是怀揣着一颗建设新中国的心,匡廷云时常思考着自己的人生道路,那时的她非常喜欢看苏联文学作品。有一天,她在不经意中看到了一本苏联作家的小说《萨根的春天》,书中一段关于肥田粉的文字描述引起了她强烈的兴趣。一个灵感在匡廷云脑海中一闪:"不能一直靠采硝石做肥田粉,应通过合成做成新的肥田粉。我要学化学合成肥料这个专业。"就这样,这个四川姑娘进了当时的北京农业大学(现在的中国农业大学)土壤农业化学系。怀揣着开发新肥田粉的青春志向,匡廷云离开了四川老家,在农大开始了自己的梦想与拼搏。

匡廷云院士

那时的北京农业大学要求寝室每晚10点必须准时熄灯。匡廷云却急切地想再多学习一些,这个总是能找到解决办法的聪明女生,慢慢摸索出一套"匡式学习法"。每天晚上全校一熄灯,寝室里的同学进入梦乡,匡廷云就开始躺在床上"过电影"。她把白天课堂上学的每一门功课全部重新在脑子里过一遍。忽然有一天,她发现每门课程之间都有一定的联系。于是,她开始在脑子里把在课堂上学到的有机、无机和生物化学等基本知识综合在一起,重新进行归纳、整理和分析。在别人睡觉的时候,她用自己创造的独特方式坚持学习。宁静的夜晚给匡廷云的活跃思维插上了自由飞翔的翅膀。

毕业后,匡廷云赴莫斯科大学深造,在莫斯科她不仅为自己的科学研究注入了新的知识动力,也找到了自己的人生伴侣章申。1962年,匡廷云回到了祖国,在中国科学院植物所工作,从此走上了孜孜不倦地追求科学真理的研究道路。60多年来,匡廷云在她所从事的研究领域中不断开拓进取,不论是研究工作的辛苦还是生活的磨难都没有动摇她自强不息的奋斗精神和为党、为人民无私奉献的人生准则。

20世纪70年代中期,匡廷云把全部精力投入光合作用的机理研究中,成为我国光合膜结构与功能研究新领域的开拓者,取得了重大学术进展:揭示捕光叶绿素蛋白在膜上横向迁移调节激发能分配的规律;首次证明21kD膜蛋白是光系统Ⅰ长波荧光发射的最初来源;提出光系统Ⅱ反应中心可能的动力学模型；首次发现光系统Ⅱ反应中心叶绿素蛋白的组氨酸残基及原初电子受体去镁叶绿素受到光照破坏，提出了反应中心第二条电子传递链具有光保护功能的假设，等等。匡廷云为推动我国光合作用的发展做出了突出的贡献，在国内外光合作用研究领域产生了重要影响，曾获得国家自然科学奖二等奖、中国科学院科技进步奖、中国科学院自然科学奖等多项奖励，而她也被评为国家级有突出贡献的中青年专家、中国科学院优秀研究生导师，并于1995年当选为中国科学院院士，1999年被评为中国科学院"巾帼建功"先进个人和中央国家机关"巾帼建功"标兵。

当选院士后，匡廷云在学术上勇攀高峰，取得了更加卓越的成就。作为首席科学家，她主持了国家重点基础研究发展计划（973计划）项目——"光合作用高效光能转化的机理及其在农业中的应用"。在辛勤努力下，她精心组织了国内生物学、物理学、化学及农学等一级学科的大跨度交叉协作，领导18个有关研究所及院校，近200名科研人员参加项目研究工作，在国际竞争激烈、难度相当大的光合作用分子机理及其调控的研究领域，取得了一系列突出成就。在光合系统高效能量传递和电子转能的微观动力学研究、光合膜蛋白复合体结构与功能及其调控的研究、稻麦等主要作物光合作用光能利用效率的研究三个方面都取得了重要进展和成果。由她领导的小组与生物物理所常文瑞研究员领导的小组合作完成的研究成果《菠菜主要捕光复合物（LHC-Ⅱ）2.72埃分辨率的晶体结构》于2004年3月18日，在《自然》杂志上以主题论文的方式发表，且研究成果中的LHC-Ⅱ晶体结构彩图被选作该期杂志的封面照片；该成果获选"振邦杯2004年中国十大科技进展新闻"。该成果使我国在高等植物LHC-Ⅱ三维结构测定方面成功地超越了德国和日本等发达国家，率先完成了具有高度挑战性的国际前沿课题。这也是国际上第一个用X射线晶体学方法解析的绿色植物捕光复合物高分辨率空间结构，推动了我国光合作用机理与膜蛋白三维结构研究进入国际领先水平。

"科学要求一个人献出毕生的精力。"这句话是匡廷云的真切感悟。她与她的丈夫章申院士都在用自己的一生诠释着这句话的含义。

在中国，女院士不多，像匡廷云和章申这样的夫妻院士更是少见。匡廷云是1958年在苏联莫斯科大学遇到章申的，这位来自南京农业大学土壤系的小伙子像匡廷云一样，作为国家公派留学生，在莫斯科大学生物系做研究生。两位来自中国的生物专业留学生在异国他乡走到了一起。他们是在莫斯科中国大使馆领取的结婚证，在莫斯科大学结的婚。

由于两人学的专业都是当时国内急需的，回国工作后两人常常是聚少离多，各忙各自的工作，需要经常在国内外开会作交流，两人同时出差不在家是很平常的事，有时候还会在同一个城市擦肩而过。

2002年，章申因脑癌去世。匡廷云十分难过、遗憾和痛苦。由于工作的繁忙，两人很少见面，尤其是章申生病前，她都很少有时间去照顾他。甚至患脑瘤前，章申病了吃什么药她都不知道。对于章申的病，匡廷云当时还想，哪怕他成了植物人，这次她都会陪伴他，弥补没有好好照顾他的遗憾。没想到他这么快就去世了。

失去亲人的痛苦加上多年的奔波劳累，匡廷云病倒了。2004年10月，匡廷云在一次体检中被确诊为乳腺癌，而且已经发展到第三期。当时，病房、走道里放满了送来的花，匡廷云以为自己快不行了，她冷静地要求医生给她看诊断报告和拍片结果。没想到，她看到的却是癌组织周围红色发亮的红线。当时，北京肿瘤医院为匡廷云组成了医疗小组，针对她的病情提出了两个方案。一个方案是马上手术，但危险是由于癌细胞正处在旺盛期，转移的可能性很大；另一个方案是吃药调整内分泌，稳定病情防止继续恶化。当时的匡廷云，毫不犹豫地果断地选择了第二方案。

因为生病，忙碌了一生的匡廷云这时终于有机会好好休息了。在这3个月的时间里，她遵从医生的嘱咐静心养病，像等待一个科研数据一样，坚强地等待着未知的结果。没想到，3个月后奇迹竟然出现了，匡廷云体内的肿瘤变小了，变硬了。医生开刀时拿出肿瘤块，肿瘤已经变成了一个纤维化的"胡桃核"，一摘就下来了，可怕的病魔就这样被赶走了。肿瘤医院的大夫们也都吃惊了，他们把匡廷云看成一个成功的典型。经历过人生风风雨雨考验的匡廷云这一次又挺过来了。

闯过鬼门关的匡廷云更加投入、忘我地工作，她要在有限的时间里做更多的事情。她一如既往地忘我工作，要在第一线指导科研，要做科学发展的战略研究，还要开展科普教育。她说："我一生里面总是忙忙碌碌的，但是感觉很充实。"

谈及做科学家的得与失，匡廷云说，人生从来就不是你想得到什么就一定能够得到的。做科学研究的人，奋斗的科学精神很重要，要有好奇心和幻想，还需要有责任感和坚强的毅力，不能图表面的东西，要踏实。搞

生活中的匡廷云院士

科研从来不是一帆风顺，也不是都有鲜花和掌声，研究是很艰苦的，也是很漫长的，也许要做很长时间才能有一定的进展，而且要忍耐寂寞，不能随时随地享受生活。你也许在科研的路上走了一段时间之后，工作有了一些进展，但是感觉失去很多，比如你的个人兴趣、对家庭的照顾等。每个人都会有很多的遗憾，你在这方面投入，在另一方面就会疏忽、照顾不到。但是一想到自己工作上尽了力，就感到对国家问心无愧。

就这样，章申对于科研工作的执着、坚持和努力奉献，深深影响着他的妻子匡廷云。而匡廷云也正沿着章申的足迹继续默默无闻地奉献在科研工作的一线。夫妻院士的这种精神，永远值得我们后辈学习和继承。

"我所做的，都是我应该做的。"章申给予我们的，不仅是一位科学家的做事态度，更是一位长者对我们认真做事、踏实做人的教导。

薛永祺：
年轻人切勿"三天打鱼，两天晒网"

> 薛永祺（1937— ），江苏张家港人。红外和遥感技术专家，从事多光谱和成像光谱技术研究，中国航空遥感技术的开拓者和奠基人。1999年当选为中国科学院院士。

2017年，微信6年来首次更换了启动的背景图片，所用的那张地球图片，不再是美国航空航天局所拍摄的非洲大陆，而是国际上技术领先的气象卫星"风云四号"A星，在离地球3.6万公里之处，所拍摄的地球东半球云图。令中国人自豪的是，这张图片的拍摄仪器正是中国科学院上海技术物理研究所的研究成果之一，而这个伟大的成果正是由薛永祺老师、匡定波先生带领的三代人共同完成的。

"三代人去完成一项技术"，薛永祺说青年人做科研要持之以恒，切忌"三天打鱼，两天晒网"，要克服种种困难，充分利用身边资源，做出你自己的贡献，这就足够了！

薄荷炼油，科学启蒙

江苏省张家港市兆丰街道始建于1945年，算不上真正的老街。改革开放之后，它有了"汽车之乡""机电之乡""文化之乡"的美誉，但是它最值得被关注的是教育，多年来双桥中学（现张家港市崇实初级中学）走出去多少风华正茂的英才，而薛永祺院士便是其中非常著名的一位。

薛永祺1937年1月11日出生于今江苏省张家港市乐余镇常丰村安波圩，家中兄弟姐妹6人，薛永祺排行老大。在薛永祺的印象中，尽管父亲文化程度不高，但聪明勤劳，对子女读书非常重视。张家港与南通仅一江之隔，由于当时生活环境艰苦，加上两地之间相隔较近，很多居民跨过长江从南通移居至张家港生存，在此定居，繁衍后代。如今，在张家港市乐余镇临江的通沙汽渡口，依旧能够看到操着南北方言来回摆渡的张家港、南通两地居民的身影。

薛永祺的父亲就是当年从南通移居至张家港生存、繁衍后代的早期移民中的一位。

父亲从南通越过长江来到张家港后，受到薛永祺外祖父的赏识。当时，外祖父的家在乐余乡。于是，在外祖父的帮助下，薛永祺的父亲分别在南丰和兆丰两处购置了20多亩土地，在长江边围垦耕种、勤劳苦干、精耕细作，开辟出一个新天地。薛永祺出生之后，他的5个弟弟妹妹相继出生。

薛永祺的爷爷是一名木匠，在南通当地十分有名，出色的手工活儿使得薛家的家境非常好。因为家境不错，薛永祺的父亲及其大伯才得以在学校读书。兄弟俩的学习成绩非常优秀，在班上一个第一，一个第二。由于来张家港之前曾在学校读过书，因此，在薛永祺及其弟弟妹妹出生之后，他的父亲就常在孩子们面前提起自己当年在校读书时的优异成绩，其目的并不是夸耀自己，而是想通过自己的言传身教鼓励孩子们认真读书，同时也向孩子们表达自己支持他们上学读书的决心：只要他们能够认真读书，作为父亲，他无论如何都会坚持让孩子们将书读下去，哪怕是卖地。

因为自己读过书，父亲对几个子女的读书非常重视，期望值也比较高。为了培养6个孩子，父亲动足了脑筋。当时的农村以栽种水稻和棉花为主，但薛永祺父亲却别出心裁、独树一帜。一旦家中存粮较多，来年他就放弃水稻和棉花，在自家20多亩土地上全部种上薄荷。

因为在正常情况下，种薄荷的收益要比种水稻和棉花高上2倍，但碰上运气不好也可能会血本无归，风险较大，当地农户基本上都不敢尝试。父亲这种敢于冒险、

东渡码头再扬帆

勇于创新的精神深深地影响了薛永祺,至今仍令他记忆深刻。

六七岁时,因为家附近没有学校可以读书,薛永祺便寄住在姨母家里,与表姐、表兄一起到泗兴小学读书,一年后才回到自己家里走读。学校离家很远,步行要一个多小时。因此他不得不每天早早起床,带上简单的午餐赶往学校。直到五年级时,兆丰有了学校,他才转到新办的兆丰小学读书。那时候没有汽车、电瓶车,就连自行车也少得可怜,薛永祺只好走着去上学,下课后再走路回到家。

1949年,薛永祺进入崇实中学读初中,开始住校独立生活。初中毕业后,同学们有的考上了中专,有的考上了高中,而薛永祺升入了崇实中学的高中部。他笑称自己因为贪玩,小学和初中阶段的学习很不出众。从高一开始,他的功课开始好起来。他诙谐地说:"因为成绩好的同学读中专去了,我成了矮子中的高个子。"高三那年,他随学校并入沙洲中学就读。受物理老师蔡翰能的影响,薛永祺对物理产生了浓厚的兴趣。高中阶段的薛永祺不仅功课优秀,而且社会活动十分丰富,曾担任班长、团支部书记等职务,个人的组织活动能力得到了全方位的锻炼和提升。

作为家中的长子,薛永祺时刻牵挂家庭。每年的寒暑假,他一回家便会放下书包去地里帮助父亲干活儿,由此也养成了他踏实勤恳、热爱工作的好习惯。所有农活中，他最感兴趣的是和父亲一起将种植的薄荷提炼出薄荷油来。在他看来，这不是一项普通的农活儿，而是一项十分有意思且有技术含量的技术活儿。聪明的父亲在河边的空地上砌一口土灶，灶上架一口大锅，锅盖上装接冷凝器和管道，锅中的薄荷在水中加热后蒸发出薄荷油，油水混合蒸汽进入冷凝器和管道，分离后就提炼出了薄荷油。其中的奥妙让当时的薛永祺好奇不已。另外，父亲还请人造了一架木结构的大风车，每当种植水稻时，大风车就会将水汲到稻田里，省去了很多的人力和时间。农活中有趣而又丰富的物理原理，让薛永祺获得了最直观的物理知识。

  1955年，在高考中取得优异成绩的薛永祺被选为班里唯一的留苏预备生。当时他们学校那届高考学生中仅有2个名额，而薛永祺就是其中的一个。去苏联之前，薛永祺得先去北京俄语学院的留苏预备部报到，学1年俄语，然后再出国学习5年。临行前，母亲伤心不已。因为当时没有汽车，去北京要乘坐内河的小轮船。薛永祺和父亲半夜起床，天蒙蒙亮就赶到鹿苑。到达鹿苑后，不善言辞的父亲将两个装满行李的麻袋往小货轮上一放，一个人拿着扁担久久伫立在码头，不愿离开。"父母在，不远游"，这句话突然一下印入薛永祺的脑海，深深撞击着他的内心。为了能给薛永祺良好的读书条件，父亲卖菜、卖猪、卖谷子，卖来的钱全部给薛永祺带到北京去读书。

依依不舍地分别之后，薛永祺到了北京。初到北京，因为惦念家中的父母、弟弟妹妹，加之无法适应北方的气候，他经常生病，于是薛永祺萌生了不去苏联的想法。他如实向学校说明了情况，向学校申请不去苏联留学，得到了学校的同意，并获得了在国内任挑一所高校就读的机会。考虑到家里劳动力紧张，吃饭、读书都不要钱的师范大学成为他的首选。1955年的秋季，薛永祺进入离家乡较近的华东师范大学物理系就读，从此，踏上了他求学求知的物理之路。

初出茅庐，摸索突破

1959年，薛永祺大学毕业，被分配到上海电子学研究所工作，认真、勤奋、颇有才华的他，很快便得到了匡定波院士的赏识。一年后，电子学研究所被撤销，薛永祺随之一起并入上海技术物理研究所。上海技术物理研究所是我国第一个红外技术与物理研究领域的专业研究所，先后为风云系列气象卫星、载人航天工程、探月工程等研制了红外、光电应用系统的高精尖设备。在这里，薛永祺开始了自己的科研生涯，直至今日。

那时候红外探测技术、光学在国内还是空白，对于这样一种零基础的东西,在恩师匡定波的带领下,薛永祺他们凭借刻苦的学习、摸索,通过看资料、模拟低空相机,终于在1963年,研制成功了空对空红外测向装置,并小批量供空军战斗机使用。有了这个装置,就能知道飞机的方位是在上面下面,左面右面,还是在中间。1964年,该装置获得了全国工业新产品二等奖,这也是上海技术物理研究所历史上的第一个国家级奖项。

直面打击,苦中作乐

正当薛永祺意气风发,想在红外探测领域大展拳脚之时,他的身体突然出现了状况。1965年6月,薛永祺随老师匡定波一起去北京某机场考察机载红外设备时,突然发现自己流鼻血不止。为了不影响工作,他不听大家的劝说,坚持完成任务后再回上海检查。后来,经检查,他的肝功能异常。医生嘱咐他休息一段时间,他便带了药和书回到家乡父母身边养病。开始以为只是小病,休息休息,吃点药就好了,没

书橱前的薛永祺

想到这一病就病了五六年。

在最艰难、最困苦的日子里，一位独具慧眼、聪明贤惠、美丽善良的上海姑娘走进了薛永祺的生活，用柔情温暖着他，并不顾非议毅然与他喜结连理。她就是上海材料研究所的技术员姚素珍。

姚素珍1963年与薛永祺认识，因为当时薛永祺生病，直到1967年两人才正式结婚。

婚后，他们住在复旦大学一间14平方米的集体宿舍内，两个人的工资十分微薄。很快女儿又出生了，全家人生活清苦。从小就爱动手的薛永祺不甘寂寞和清贫，就像当年父亲敢于尝试新事物那样，他动起了脑筋。买不起服装，他就买廉价的布料自己学裁剪；买不起缝纫机，他就购买零件自己装配；买不起收音机、电视机，他就去废品市场淘来有用的零件自己装配。他常常去南京路等地看挂在橱窗里的时装，回到家后，凭借自己的记忆进行模仿裁剪、缝制。在他的操持下，小家庭的生活过得苦中有乐，而他的多才多艺也成功折服了周围邻居和单位同事。1973年，研究所根据工作需要，决定请他回单位上班。当研究所领导来到他家里时，他正在缝纫机上忙得不亦乐乎，身旁的饭桌上摊满了衣料。这样的一幅场景让人哭笑不得，一位满心想着为国家研制"千里眼"的科技工作者却成了业余"裁缝"……

薛永祺就是这样的一个人，无论是什么事情，都不会因为困难而停止,这就是坚持。薛永祺就是凭着这样的乐观精神和人生态度,坚持到底,最终迎来了成功。

森林防火,功不可没

遥感是一种远离目标,利用电磁波与物体的相互作用及传输,由遥感器采集从目标反射或辐射的电磁波,达到分析和识别目标的新技术。

20世纪70年代初,我国大兴安岭林区发生重大火灾。当时国内红外遥感技术水平落后,无法实施高空探火。当时国内林区的火灾探测,还是由瞭望员在飞机上通过肉眼观测。因此,1973年的全国计划工作会议将"森林防火灭火的研究"列为第18项国家重点科研项目。薛永祺接到单位通知,重新回到了科研岗位上。

科研中的薛永祺

薛永祺以高度的责任心主持起双波段红外扫描相机项目。这项研究的目标就是利用红外遥感技术实现森林高空探火，为森林防火、灭火提供帮助。薛永祺带领着科研团队克服各种困难，多次到东北林区实地勘察、试验。上海技术物理研究所以前有一个楼顶，不管刮风下雨，薛永祺总会亲临一线，带领大家爬到楼顶上去进行课题研究。最终，薛永祺领导的科研团队利用分色片的折射作用，根据林火（600℃以上）和森林背景（常温）的辐射光谱的不同，成功研制出了双波段（3～5微米和8～14微米）红外扫描相机，可在3000米高空透过烟雾探测林中0.1平方米的火情。这台相机的研制成功，开创了我国民用航空遥感的发展道路。该成果后来移交给了东北的森林保护研究所，在我国的林火监测、灭火工作中发挥了重大作用，也获得了1980年中国科学院科技成果一等奖。

每当谈到这个科研成果，薛永祺总是感到十分自豪，他说："一次，大兴安岭失火以后，下了场雨，火似乎灭了，人的肉眼已看不见明火。我们用机器一测试，结果发现还有600米长的火带没有烧出来。后来派人去查，证实我们这个结果是对的，这就是遥感监测森林火场、火情的一个典型。"

双波段红外扫描相机的研制成功，为我国的机载遥感系统建设做出了重大贡献，也奠定了薛永祺在红外遥感研究领域的重要地位。从此，薛永祺以应用牵引与课题实践相结合的思维之路，重新走进了为我国航空遥感技术的发展贡献智慧与才能的事业的春天。

面临危险，镇定自若

1978年，薛永祺带着由他负责研制的热红外6波段扫描仪，与自己的合作伙伴——遥感技术与应用专家、中国科学院院士童庆禧，一起前往云南腾冲地区进行地质遥感实验，获取了铀矿的多光谱图像，并为热液成矿机理和构造控矿模式的研究提供了重要资料。

这是中国第一次大规模的遥感实验，那时国内的遥感实验才刚刚起步，它的意义非常重大。为做好此次实验，大家坚持对国家负责的工作态度和创新精神，可没想到的是，在这次实验中却经历了巨大考验。

飞机从保山起飞不到半个小时，便进入雷雨区，整个天空漆黑一片，哗啦啦的雨声，混合飞机螺旋桨的轰鸣声。童庆禧在前面，薛永祺在后面操作仪器。飞机一直往前飞，机长突然说，不能再飞了。此时飞机的飞行高度是3000米左右，如果再往前飞就是玉龙雪山。玉龙雪山的高度将近5000米，再飞就会撞到山。这种情况下，面对恶劣的天气，如果罗盘有偏差，一行人就会有危险。这时候，每个人的心里都十分紧张，但是薛永祺却很淡定，始终保证仪器正常。薛永祺的沉稳淡定给全体成员吃了颗"定心丸"，增强了大家的勇气和信心，最终他们圆满完成了实验。

国际合作，创新驱动

在腾冲的实验圆满成功，引起了美国GER公司的关注。美国GER公司全称美国地球物理环境研究公司，是一家专门从事地质遥感仪器研制的公司，在国际上具有较高的影响力。薛永祺团队高超的专业水平，最终促成了上海技术物理研究所与GER公司开展用短波红外多光谱技术进行地质遥感的合作。此外，他领导的研究室和课题组在国家五年计划"六五"至"九五"期间的遥感技术攻关项目中，先后承担了"航空多光谱扫描仪"高空机载遥感实用系统中的"多光谱扫描仪""红外细分光谱扫描仪""成像光谱仪"和"航空遥感磁带数据预处理系统"，以及国家"863"计划信息获取与处理主题的"九五"重点项目"实用性模块化成像光谱仪""超光谱成像仪"和"三维成像仪"等研制任务，使我国的机载光电遥感器的光谱范围从紫外、可见光、近红外至热红外，从多波段向高光谱成像仪发展，形成了实用化的机载遥感系统，在国际遥感合作和商业应用中取得了显著的社会和经济效益。

1985年，薛永祺带着自己的红外遥感技术走出国门，在美国内华达州进行了遥感探矿实验，取得了预期的实验目标。这表明我国自主研发的遥感设备已具有国际水平。

有了底气的薛永祺乘胜追击，积极推进研究成果的商业化和实际应用。1987年，国家海洋局在联合国开发计划署的援助下，建立业务化的海洋油污染航空执法检测系统。由国际海事组织和国家海洋局组织国内外技术竞争，薛永祺负责的课题组取得了红外／紫外扫描仪的合同订单，开创了国内红外遥感研究机构与瑞典空间公司、丹麦托马公司等国际大型航天企业合作组建航空遥感系统的先例，这标志着我国的遥感仪器开始真正参与到国际竞争中。

正因如此，薛永祺在我国遥感界具有很高的威望，他和合作伙伴联合进行了广泛的国际遥感合作研究，使我国的航空遥感技术得以在国际上占有一席之地。1988年至2002年，他们先后进行了"塔里木盆地油气勘察遥感合作研究""湿地遥感"和"高光谱精细农业遥感合作研究"，另外还应苏联库尔斯克和库尔恰托夫核电站、澳大利亚航测与制图公司、马来西亚国家遥感中心等单位的邀请，进行了遥感合作研究，这显示了我国自主开发的遥感器具有与国外同类仪器相当的国际先进水平。

东渡码头再扬帆

薛永祺中国科学院院士证

数十年矢志不渝的钻研，让薛永祺收获了累累硕果。他的研究成果获得国家科技进步二等奖3项、三等奖2项，中国科学院科技成果一等奖1项，科技进步特等奖1项、一等奖3项、二等奖4项。1999年，薛永祺光荣当选为中国科学院院士。2000年，他成为上海技术物理研究所总工程师。

上海技术物理研究所所长陆卫常用"创新驱动"这四个字来评价薛永祺,就连中国科学院院士、遥感技术与应用专家童庆禧也说:"薛院士为人比较谦逊,善于创新,具有创新精神,在遥感科技技术领域里面,在光学、红外、多光谱方面,我觉得他是一个学术领域里面的带头人物、学术骨干。我们国家现在能够在资源探测遥感技术的应用、多光谱的技术等方面在国际上都走得很靠前面,这与他的工作和贡献是分不开的。"

培养人才,用心良苦

成功的道路有无数条。在薛永祺看来,成功之路离不开三大要素:才能、勤奋、机遇。这些年里薛永祺一直在带学生,他希望为后辈们提供更大的科研空间和更多的发展机遇,从而不断提升我国的红外遥感技术。

讲座中的薛永祺

不管是学术上还是生活中，他对待每一个学生都认真负责、关怀备至。至今，他已指导培养硕士、博士研究生80多个，为国家输送了一大批红外和遥感方面的人才。

作为国内一家重要的科研机构，上海技术物理研究所研究生的生源质量特别高。而亓洪兴，却是从一般的普通院校考到上海技术物理研究所的研究生。初来学校时他很自卑，觉得自己出身学校差，心里比较紧张，怕老师同学们不会多看他一眼。薛永祺知道后主动接近他，与他谈心交流，无论是生活点滴还是专业领域，一聊就是两小时。在同学们的心目中，薛永祺不仅是一个非常和蔼可亲的长者，更是一位乐于助人的朋友，无论是思想困惑还是科研问题，只要找薛院士，没有解决不了的。

作为我国著名的红外和遥感技术专家，薛永祺长期从事多光谱和成像光谱技术研究，为我国建立机载实用遥感系统提供了多种先进的遥感手段，推动了我国遥感技术的应用。他不仅是一位德高望重的老科学家，也是一名资深科普志愿工作者。虽年事已高，却依然坚持为公众开展各类科普讲座与报告。他说，对初中生和小学生，他的讲座侧重红外科普，目的在于激发他们的求知欲；对高中生，他会进一步讲解遥感技术，希望引导他们选择大学专业；对相关专业的大学生，他在讲座中鼓励他们报考技术物理研究所研究生，成为我国遥感领域

讲座中的薛永祺

的后备人才。据不完全统计，近三年内，薛永祺因材施教地为大中小学生开展了科普讲座30余次。他说，希望通过科普教育活动，不仅把科学知识讲清楚，更把科学探索新知的精神传播到更年轻的新一代。

旧地重游，感恩故乡

虽然工作很忙，但对于自己的家乡张家港，薛永祺总是心存不倦的牵挂和思念。正如他所说："到过张家港的人都一致认为，张家港的精神文明建设是全国的标兵，这一点，我作为张家港人感到很自豪。常有人问我老家在哪儿，我会很有底气、很骄傲地说在张家港！"

2016年9月25日一大早，薛永祺风尘仆仆带着上海技术物理研究所一行7人，回到自己的故乡张家港。

薛永祺说："在我的成长过程中，形成我的世界观、形成我对社会的认可、形成我自己奋斗的方向的这个根都是在张家港,所以我就觉得因为在张家港市接受了中等教育,也可以说在我这个世界观形成的过程当中,家乡对我的教育、对我的培养是我终生不会忘记的。"

这次回到故乡,薛永祺行程满满。到母校兆丰小学、崇实中学、沙洲中学参观走访,家乡的一草一木勾起了他无数美好回忆。

在崇实中学,薛永祺见到了多年未见的老同学,倍感亲切,他激动地说:"要弘扬崇实精神,然后把我们崇实中学或者我们张家港的教育办得更好,更多地出人才,我认为这个应该是没有问题的。"

一进沙洲中学,薛永祺便激动不已,和随行人员聊起在沙中求学的点点滴滴。他先后参观了求知园、荷风塘、恩师亭等景点及校史陈列室,对母校近几年的变化连声赞叹。

在恩师亭钱仲联先生雕像前,薛永祺回忆起钱仲联先生的谆谆教诲和在语文课堂上的风趣幽默;在校史陈列室,薛老面对钱仲联、单乘友、陆招等一个个恩师的照片肃然起敬。最不能让薛老忘怀的还有物理老师蔡翰能,是他引导自己走上了科研之路。在知名校友栏前,薛老看到蔡少卿、程理嘉、邬丽华、倪汉昌等一个个熟悉的名字,为自己昔日同学取得的成就深感欣慰。

在随后进行的座谈会上,薛永祺为母校的发展感到无比欣慰,对母校的培养表达了感恩之情,他深情地回忆起在母校求学时不平凡的青春岁月,薛永祺说:"作为一个青年学子,既要有内在追求,也要有良师的指导,正是有了母校这段难忘的求学经历,才成就了今天的自己。"

座谈会结束后,薛永祺结合沙中的"树业"学校文化,欣然为母校题词:"根深叶茂,以树为师"。这八个遒劲而灵动的大字,既是沙洲中学一贯的办学追求,也是薛老一生硕果累累的生动写照!2016年9月27日,在江苏科技大学张家港分校的报告厅内,薛永祺举办了"天眼看地球"的红外遥感技术科普讲座,丰富的专业知识、幽默的语言让大学生们受益匪浅。

从1955年离家求学至今已六十多个年头,一直忙于工作的薛永祺,鲜有时间回故乡看看、走走,但故乡一直是他心里最温暖的情愫,故乡的发展也始终牵动着他的心,他感慨地说:"因为张家港现在在各个方面的发展,包括经济发展、文化发展、城市建设都在根据我们现代经济的发展而不断地布局,尤其是张家港的一些企业为适应时代而提高创新的内容,所以我觉得作为我个人来讲,我在科学院工作已经60多年,但和张家港的经济发展有关系的,我一定是尽力而为,我能够为家乡做更多的贡献,肯定是义不容辞。"

院士的足迹 第一辑

东渡码头再扬帆

讲座中的薛永祺

六十多年来,薛永祺以创新的精神、坚强的品格不断攀登着一个个科学高峰,创造出一个个科研奇迹。这些都将化作一股力量、一种财富,激励每一个中国人开创美好的未来。

当前,我国已发射了多颗人造地球卫星,在遥感技术和应用领域取得了一系列长足的进展。我国还将继续发射"神舟"载人飞船和实施探月工程,遥感科研工作者的脚步将越跨越大。此外,以认识和了解地球系统和环境变化、服务于人类社会可持续发展为目标的公益性遥感系统的构建,向遥感科研工作者提出了更高的要求。"莫道桑榆晚,为霞尚满天。"年过八旬的薛永祺依然如年轻人一样不知疲倦地奋战在研发"千里眼"的第一线。薛永祺不服老、不畏老,为国家尽忠,为科学事业奋斗终生的精神和毅力,值得我们每一位当代年轻人永久学习!

"青年人做科研要持之以恒,切忌'三天打鱼,两天晒网'。"这不仅是薛永祺院士自己人生的真实写照,更是他对于我们新时代年轻人的期望和劝告。无论做任何事情,面临任何困难和挫折,只要持之以恒,坚持做到底,我们最终都能获得成功。

吴培亨：
铁肩担道义，妙手著文章

吴培亨（1939— ），祖籍江苏张家港。超导电子学家、教育家，长期从事超导电子学的研究，尤其是超导电子器件（微波到太赫兹波段）应用，2005年当选为中国科学院院士。

"籍贯问题"一直困扰着吴培亨，因为生于上海，而自己却又在档案里的籍贯一栏先后填写上了"江阴""沙洲""张家港""苏州"等多个版本。尽管如此，每当有人问起，他仍旧不厌其烦地给人解释。而他本人则更喜欢用"苏州地区"这四个字来概括自己的籍贯。张家港原名沙洲，1986年9月撤销沙洲县，以境内天然良港张家港命名、设立现在的张家港市。虽然在张家港生活的时间累计加起来不到4年，但是一口原汁原味的杨舍土话和一直保留的许多当地生活习惯使人不会怀疑他的归属。而对于苏州，他更有一种梦牵魂系的情怀，苏州地区的大街小巷、风土人情、叫卖酱肉和方糕的吆喝声、苏州评弹等等，都

吴培亨：铁肩担道义，妙手著文章

讲座中的吴培亨

是他日思夜想的故乡。

吴培亨既是学有所成的科学家，也是严于律己、精心育人的好教师。他常常用"铁肩担道义，妙手著文章"来勉励自己和他人。"铁肩担道义"就是要求我们每个人都要有远大的理想和追求，把时代赋予我们的重任坚定地担当起来；"妙手著文章"说的是无论做什么都要有娴熟的专业技能，在所从事的领域中取得出色的成果。

"张家港"三个字意味着家乡

吴培亨，祖籍江苏张家港，1939年11月12日出生于上海。父亲吴伯昂，今张家港市杨舍镇斜桥村北斜桥人；母亲郭宛琴，今张家港市杨舍镇杨舍西街人。

吴培亨幼时曾在张家港市杨舍镇梁丰小学就读过一段时间。1946年迁居苏州，毕业于苏州景海女子师范学校附属小学，初一、初二就读于东吴大学附属中学，后因全国高校院系调整，该校停办，被转往苏州市第二中学（已并入苏州市第一中学），完成初中学业。1953年考入苏州中学高中部，1956年毕业后考入南京大学物理系，1961年毕业后留校任教至今。

说起对故乡张家港的记忆，吴培亨常说，"张家港"三个字意味着家乡啊！因受母亲家乡话的影响，吴培亨一口张家港乡音非常地道。青龙桥、营房弄、钟鼓弄、湾士岸，这些张家港的老地名他至今记忆犹新。2015年，趁着去南通海安的机会，吴培亨还特地绕到故乡张家港去待了大半天，去自己印象中的青龙桥、营房弄、钟鼓弄、湾士岸等老地方故地重游，感叹张家港如今的巨大变化。为了能在张家港市多找回一些自己童年的记忆，他还特地找到了张家港市一中的聂盈老师，让聂老师陪着他去找。当意外得知聂盈老师的母亲是1954年出生的，吴培亨惊喜万分，硬是让聂盈老师带他一起去找聂盈老师的母亲，想从聂盈老师母亲口中找回一些童年记忆。

当然，其中最让他念念不忘的还要数拖炉饼。拖炉饼是张家港市著名的传统风味小吃，起源于清代乾隆年间,距今已有200余年历史,清末和民国时期最为鼎盛。吴培亨对家乡的拖炉饼念念不忘,委托张家港市一中的聂盈老师帮他买,由于年代久远,如今做拖炉饼的人不多,最终聂盈老师并没有买到。可吴培亨还是念念不忘,仍不死心,又重新委托一个叫陈伟的人去买,结果拖炉饼还真的给买回来了,却让吴培亨有些失望。因为在吴培亨眼中,家乡的拖炉饼应该很大,豆沙猪油、荠菜猪油,可眼前买回来的拖炉饼却是一点点大,与自己原先见过的拖炉饼相差甚远,他有些失望。幸运的是,后来聂盈老师四处托人打听,几经周折,终于在江阴市的北涸买到了。见到自己童年时期吃过的原汁原味的拖炉饼,吴培亨兴奋得像个五六岁的孩子,这才开心地笑了。

也许,对于吴培亨来说,拖炉饼不仅仅是一张可以食用的饼,这里面有自己童年的记忆,更蕴含着家乡的原汁原味。而这种味儿,几十年来始终保留在吴培亨的心底,容不得半点改变。

虽然生在上海、长在苏州,到南京已经50多年,可吴培亨却常笑称自己是地地道道的张家港人。他说自己的祖父家在斜桥,外婆家在杨舍镇上青龙桥往西的杨舍西街。因为父母很早就外出读书、做事,1939年他出生在上海,记忆最深的是外婆家。外婆家对面有一家名叫"阜康药店"的中药店,前面是新生药房。童秉纲院士家和外婆家是邻居，儿时外婆常常鼓励他要向童家几位好学不倦的兄长学习。他常去青龙桥玩，喜欢倚着那高高的桥栏看河里船来船往，夏天常去河边的树林里捉知了。

吴培亨有两个姐姐，大姐吴锡军曾任江苏省政府副省长、省人大常委会副主任等职，退休之后仍忙个不停。二姐吴太弇是电子工业部28所的高级工程师。吴培亨的母亲20世纪60年代初退休后，就从苏州移居到了南京。

讲起家乡，吴培亨的脸上泛起了激动的神色。他说："张家港是好得不得了啊！只要听到张家港的消息，我就开心得不得了，为家乡感到骄傲。"20世纪90年代中期，他曾趁着在无锡开会的机会，匆匆到过一次张家港，在保税区等地转了一圈，还特地找到了青龙桥埭仅存的那块石碑，感慨不已。在吴培亨心中，不管离家多久，故乡永远都是故乡。

要为劳动者多做事

聊起故乡时，吴培亨心里总是轻松而愉悦的，他像个老小孩儿，充满欢乐。但一聊起自己的超导电子学专业，聊起自己的人生经历，他却又立刻变得严谨而认真起来。

对于科学家们来说，科学始终是十分严谨和严肃的，容不得半点马虎。

吴培亨1961年大学毕业，但他从1960年就开始工作。1961年到1966年期间，他开始做微波理论和技术研究，后来中间停了一段时间。

他曾参与过南京长江大桥的桥梁建设。那段日子里，他的工作是在南京长江大桥的桥梁建设工地铲水泥，和普通的工人同吃、同住在工地。如今回忆起那段劳动的岁月，他觉得脸上是满满的荣光：南京长江大桥的建设有我付出的一份汗水。

当时南京长江大桥正在紧锣密鼓的建设中，那时实行的是三班倒工作制。拌水泥、运黄沙、搬石子，吴培亨和工人们一样干，从不叫苦喊累。相反，对于这样极其艰苦的工作，他却成就感特别强。因为南京长江大桥建设是一项举世瞩目的工程，他觉得自己能够参与其中，本身就是一件非常了不起的事情，因此，吴培亨心中十分自豪。南京长江大桥建设的那段日子里，吴培亨每天最大的快乐就是，每天早上起床后能够看到工程建设又迈出了新的一大步。

由于他不仅切身体验到了劳动人民的伟大，还目睹了工程建设的成就，那段日子成了吴培亨人生中最为有意义的一段经历。在和大桥建设者打成一片的那段日子里，他深入地了解了普通劳动者的想法和愿望，强化了自己要为他们多做事的责任感。

讲述超导电子学科

20世纪70年代初期，高校逐渐开始恢复教学和科研工作，吴培亨的研究也渐渐走上正轨，他开始了这一生中最为漫长的超导电子学技术研究。那么，超导电子学究竟是怎样的一门学科呢？它和我们普通的日常生活有没有关系？它可以运用到哪些领域呢？

对于超导电子学，吴培亨曾经这样解释道，很多材料都存在温度，你把它的温度降到非常非常低的时候，它的电阻就会几乎为零，并排斥磁场，这就是超导电性，这个材料就叫作超导体。研究电流、电压在超导体内的效应、规律的过程就是超导电子学。

超导体的温度不是我们日常生活中的温度，日常生活中的温度以摄氏度为单位，零下5摄氏度、零下10摄氏度，大家已经觉得很冷了。冰箱的温度也不过只有零下10摄氏度或零下20摄氏度，而超导体的温度却要零下200摄氏度，或者更低一点，这个就是超导体的极端条件。这个极端在日常生活当中基本上是碰不到的。超导体在实际中已有应用，比如收音机。一般人都听过，都知道收音机有波段、频率等，在不同的地方或者是不同的波段，有时声音比较清楚，有时却很嘈杂，这取决于有用

吴培亨出席大会

信号与噪声的比例，如果信号大于噪声，我们就能听见，反之就听不清。这噪声有外界加入的，也有电子器件本身固有的。从理论上讲，外界加入的噪声可清除，电子器件本身固有的噪声则是无法排除的。但假如用超导体做电子器件，那它本身产生的噪声是微乎其微的。

现在人们去医院看病，常见医生用心电仪、脑电仪等来检测心脏或脑部疾病，它们的原理是利用这些仪器来接收人们体内发出的生物电信号，通过看信号是否异常来确定病情。但是，有些疾病的先兆是以生物磁信号而不是生物电信号的形式表现出来的，用超导体做成的心磁仪或脑磁仪来检测就可以接收到这些信号，对于及时确诊病情极有帮助。在天文方面，以往人们观测星球的变化通常是用光学望远镜，但只能观测到发出可见光的星球。科学的发展使得人们知道还有许多星球发出的不是可见光，而是看不见的非常弱的电磁波，要用射电望远镜才能观测到，目前世界上最先进的射电望远镜就是用超导体制造出来的。手机已进入大众生活，移动通信基站在发射手机信号时必须用到一种叫作滤波器的东西，假如用超导体做滤波器，信号就会又稳定又清晰。在环保方面，用超导体做成的仪器来接收臭氧分子发出的电磁波，就可监测大气污染情况。在安全检测方面，通过对炸药、毒品等物品的特征分析，采用超导仪器进行检测，就能及时检测出这些违禁物品。由此可见，超导体在生活中的应用是多么广泛。

自然界中有哪些东西可以变成超导体，它们又是在多少温度之下变成超导体的，成为超导体后又该如何做成电子器件，这些就是吴培亨研究的课题，而如何将超导体做成器件并将其应用到实际生活中，是吴培亨研究工作的重中之重。

吴培亨做过一个器件，在室温下面做了，能够成功实现热循环，但在实验环境中做来做去，就是做不出来。虽然自己已经知道该怎么样，但就是不成功。后来，在一次做实验的过程中，他的手在焊接的时候不小心被烫了一下，他就立马悟出了一个道理：在真空下面焊与焊好了再放到真空里会出现两个不一样的结果。于是，他马上更改工艺，最后一下就成功了。通过这个事情，吴培亨明白了，做任何事情，尤其是科学研究，一定要坚持、坚持,再坚持。

由于吴培亨在相关领域的成就,他荣获1978年全国科学大会奖、1989年国家教委科技进步奖一等奖、1990年国家自然科学奖三等奖、2010年江苏省科技进步奖一等奖等多项奖励,2005年当选为中国科学院院士(信息技术科学部)。他还担任过中国科学院信息技术科学部副主任、国务院学位委员会学科评议组(物理、天文组)成员、中国电子学会超导电子学分会主任、南京大学研究生院院长等职。

同志仍须努力

屡战屡败,屡败屡战,每一次成功,都是用无数次的失败换来的。吴培亨说,无论经历多大的困难和失败,经历之后,能够有一个实验成果,就是他感到最高兴的事。

吴培亨还曾想过在传统计算机的基础上设计一种按照量子力学的原理构建的完全新型的计算机。

吴培亨在学术方面非常推崇量子计算。在量子力学里,如果用了量子计算机,做任何一种计算,就相当于并行的计算,原来要一个一个做的计算可以一起做,计算就快了很多。他还形象地举例称,如果一个数字是129

位，按照传统来分解因式，大概要8个月。如果一个数字是250位，分解因式要到100万年。如果这个数字是1000位，分解它的时间是10^{25}年。今天要去破解银行的系统，8个月也许还有可能，如果数字大到100万年才分解，几乎是不可能完成的任务。而这些东西用量子算法，几分钟就解决了。

"目前量子计算是初露端倪，但前程似锦，至于最后能不能做到像今天这些传统计算机一样，谁也说不准，这就是科学。"吴培亨笑着说道。他把一个个十分深奥的概念通过列数字、举例子的方法讲得清楚明白，引人入胜。

40多年里，吴培亨带领他的团队潜心钻研超导及其应用，取得了累累硕果。然而他从没放慢过脚步，面对方兴未艾的超导学科研究，他常用孙中山先生教导国民的一句话来勉励自己：革命尚未成功，同志仍须努力。

当被问及科研成果的数量时，吴培亨说："这个很难说，我们现在已经得了省级以上的奖八九个，但是这个里头包含的成果很多，有的包含内容少，有的包含内容多，我还没有统计过有多少成果，很抱歉，这个数字没办法讲。"由此可见，他非常谦虚、严谨。

笑谈人生风雨

身材瘦削、颀长的吴培亨温文尔雅，全身洋溢着浓郁的书卷气，他谈吐诙谐，丝毫没有想象中的严肃、古板之态。他业余爱读书，有空也出去走走，拍拍照片。他最爱读国学大师王国维的书，还喜欢唐诗宋词和曾国藩、鲁迅、徐志摩、余光中等人的作品。他很推崇王国维的"三种境界说"。王国维曾说过，古今之成大事业、大学问者，必须经过三种境界："昨夜西风凋碧树，独上高楼，望尽天涯路"，此第一境也；"衣带渐宽终不悔，为伊消得人憔悴"，此第二境也；"众里寻他千百度，蓦然回首，那人却在灯火阑珊处"，此第三境也。

一般的人是无法体会到这三种境界的。但吴培亨说："我的人生，我追求的一是为事业，二是求创新，三是守道德。我不敢让别人认同，但我就是以这三大境界为人生坐标的。一名学者，水平高低没有关系，重要的是道德标杆，无论科技发展到什么程度，道德的弘扬永远是第一位的，学术问题来不得半点虚假。"

作为超导电子学的领军人物，吴培亨除潜心科研外，还担负着培养人才的重任。他觉得传授学问是一个方面，更重要的是要坚守做学问的道德。他曾应邀为南京大学学子作了一场以"铁肩担道义，妙手著文章"为题的精彩讲座，阐述了"做人"与"做学问"的关系，语重心长地教导学生要"清清白白做人,老老实实做事"。这也是他本人数十年钻研学问的生动写照。有关这次讲座的资料,在南大的网站上曾连续多日成为学生热评、点击率最高的几份资料之一。

2015年,吴培亨应邀参加"科学与中国"院士专家巡讲团报告会,与师生畅谈创新、创新型人才培养等话题。他寄语年轻人:没有行动的愿景是幻梦,没有愿景的行动是噩梦。

吴培亨从"创客"一词讲起。在他看来,创客主要有兴趣、想法和实践三点特质。他认为,创新同时存在于理科与文科中,而充分消化、吸收、继承前人的思维见解是取得创新的必要条件。他并不否认从异想天开中得出新点子的可能,但更鼓励吸收前人的见解。敢于想前人没有想过的问题,提出前人没有提出过的看法或设想,便是对前人思想的升华,就好比麦克斯韦基于电磁感应理论与环流定理提出创造性设想继而得出电磁场理论。吴培亨指出,得出观点后以严密的手段验证自己的观点,则是严谨态度的体现。

"现今科学技术发展分工很细,但要实现创新必须有宽广的学术视野。"吴培亨援引数个基于交叉学科的发明创造来证明:不同学科之间能够相互启发,促使人们从多角度看问题,这对思维创新、对人生都有好处。他寄语学生们要学会多角度细致观察,尝试着改变条件分析，千万不要草率下结论。吴培亨的讲座引来好评一片。

对于自己的讲座广受赞誉，吴培亨表示，只要自己做的这些事能够回报社会，让人听后觉得有用就行。海事学院曾经派人来邀请吴培亨，说能不能请你来，不计报酬，不计条件？吴培亨听后，立马答应。用他自己的话说，这就是回报社会。

正因如此，他不仅享誉国内学术界，而且在国际上赢得广泛赞誉。除担任南京大学电子科学与工程学院教授和超导电子学研究所所长外，他还兼任了国务院学位委员会学科评议组（物理、天文组）成员、中国电子学会超导电子学分会主任等职。他领导的南大超导电子学研究所，是我国有关领域研究和培养高级超导人才最重要的基地之一。他还是国际超导电子学会议顾问委员会中唯一的一位中国委员。他担任过丹麦技术大学客座教授、日本东京大学客座教授、日本东北大学客座教授、德国尤利希研究中心客座科学家、英国国家物理实验室和英国剑桥大学高级访问学者等职。

南京大学校长、江苏省科协主席陈骏曾这样称赞吴培亨："我特别高兴，吴老师这个实验室能做出世界最顶尖的成果，特别重要的是，吴老师的团队不仅培养了一批年轻人，而且还培养了一大批优秀的学生；我们的学生在这个实验室里工作，他们一定能够获得最前沿的知识，而且将来也会成长为最一流的科学家。而这个实验室的建设，倾注了吴老师几十年的心血，各方面已经进行了40年的探索，那么现在终于看到了好的结果，我们都为吴老师高兴，而且吴老师是我们南京大学的骄傲。他的这些工作，代表了中国的最高水平，是南京大学最重要的成果，他的团队也是南京大学的标志性的团队之一。我们也期盼着吴老师和他的团队能够在超导电子学研究方面，特别在超导电子学的应用方面取得更大的成果，为我们国家、为世界的科学做出更大的贡献。"

"老骥伏枥，志在千里"，心态和健康都保持着良好状态的吴培亨并没有觉得自己已经"八十耄耋"，他还有自己的下一个五年计划。

吴培亨打算在自己有生之年再做一个大的项目，至于自己到时候能不能撑得住，他也不知道。但他觉得，

学术会议中的吴培亨

人是不能够说自己多老的。

也许，始终保持一颗童心，是吴培亨心态年轻的真正秘诀。吴培亨家中，随处可见的是一张张大大小小的照片。因为女儿长期在国外工作生活，所以老两口在平时的生活中相扶相携，会自己去寻找一些乐趣。空闲的时候，他俩会去逗逗南大的流浪猫，拍一些美好的照片。

吴培亨在讲话

吴培亨喜欢在去学校的路上拍照，他常说，路边的风景好得很，而且蛮舒服的。每次拍完照后，他总会让妻子去照相馆放大冲洗，然后将照片放在家中欣赏。

对工作，对事业，对生活的全心付出和无尽热爱，让吴培亨的生命之树和科研热情保持了葱葱郁郁的常青姿态。他是我国超导电子学的奠基人，是有着蓬勃向上活力的科学家，更是一位可敬的长者、可爱的老人，值得我们每一个人敬仰。

朱敏：
胸怀理想、脚踏实地，打好做贡献的基础

朱敏（1965— ），江苏张家港人。古脊椎动物学家、鱼类演化生物学家、国家"万人计划"领军人才、何梁何利基金科学与技术进步奖获得者、中国科学院古脊椎动物与古人类研究所所长、中国科学院脊椎动物演化与人类起源重点实验室主任。2021年当选为中国科学院院士。

"没啥特别感受，该干什么干什么。先工作了，照顾好爸妈！"2021年11月18日当选中国科学院院士之后，朱敏在给妹妹祝福短信的回复中这样谦逊地写道。若不是表哥在网上看到了公示，发到家族群里，家人们还不知道朱敏要将自己当选为中国科学院院士的消息隐藏多久。当然，这一切都与朱敏本人的处事风格有关，他为人处世非常低调，从来不跟家里人夸耀自己取得的成就。

2021年11月20日，朱敏在给母校镇江句容市后白

中学学子的寄语中写道:"希望同学们胸怀理想,脚踏实地,打好今后为国家、为社会、为科学做贡献的基础。"这不仅是朱敏院士对当代学子的希望,也是他自己青少年时期踏实成长的真实写照。

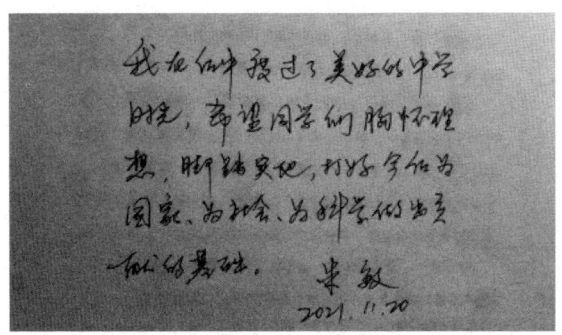

朱敏给母校学子的寄语

意外邂逅,《哥德巴赫猜想》里走出的古脊椎动物学博士

朱敏1965年10月出生于江苏省张家港市三兴镇,父亲朱纪尧是江苏省句容市后白中学的一名校医和生理卫生老师,母亲陆佩珍在后白卫生院工作。那时的交通很不方便,从小朱敏和姐姐、妹妹就交由老家的爷爷奶奶、外公外婆照顾。那时的小学是5年制,初中加高中4年制。在张家港老家,朱敏先后就读于三兴育民小学、兆丰团结小学,直到1976年小学毕业后,朱敏才跟随父

母前往句容,在句容市后白中学就读。

朱敏从小热爱学习,虽然年龄比班上一些同学小,但学习的自觉性、刻苦性特别强,善于利用点滴时间来学习。那时,农村放电影很稀罕,当班里的同学们早早搬着板凳到学校操场看电影时,朱敏却一个人躲在教室里学习。夏天,教室里蚊子多,朱敏就找来两只水桶装上水,将双腿放进水桶里抵挡蚊子叮咬,他刻苦钻研,从不放过任何一个学习难题。那时英语课只有中学才有,想考上好大学,英语这关必须过,朱敏钻研、自学、自律能力非常强,即使在户外看见他,他嘴里还背着英语单词。尊敬师长,善于思考,善于发现问题、解决问题,各科成绩全校名列前茅,在同学眼里,朱敏一直都是全班学习的榜样。1980年全班40多人参加高考,

朱敏高中毕业班级合影

仅有9人考取大学，其中就有不到15岁的朱敏。

当一名数学家是朱敏高中时代的梦想。每天早自习，教数学的班主任都要朗读徐迟的报告文学《哥德巴赫猜想》，他听着听着就会出神，当时的他确信"数学家"就是自己的未来。然而，或许是命运的安排，高考考数学时，朱敏坚持认为一道大题出错了，并详细论证，结果附加题还没来得及做就交卷了；后来他发现是自己审题不清，这使他与数学家的梦想失之交臂。1980年，朱敏由报考的南京大学数学系转读地质系古生物地层专业。

上大学之前，朱敏对古生物地层这个专业的知识一无所知。但地层的沉积、古生物的孕育，这些诡谲的地球密语，带着远古时代的幽邃气息，却使14岁的他内心轰然洞开。他找到了新支点，当不了数学家，一样可以撬起地球——就如同那条第一次登陆的小鱼儿，他要探索一个美丽新世界。

1984年，朱敏获南京大学地质系古生物地层专业学士学位，1987年获中国地质科学院研究生部古生物地质层专业硕士学位。

跋山涉水，揭开古生物的神秘面纱

1990年9月，在我国著名古脊椎动物学家周明镇院士和张弥曼院士的指导下，朱敏以全优的成绩通过博士学

东渡码头再扬帆

位论文答辩，成为国内培养的第一位古脊椎动物学博士。从此原本对化石一无所知的他便踏上了寻找古生物遗迹的漫漫长路，对化石的喜爱到了非常痴迷的程度。

那些由生活在遥远年代的生物遗体或遗迹变成的石头，在他的眼里就像一块巨大宝藏，里面尘封着上亿、上万年前古生命的秘密。他就是那个探秘者，他要揭开它们的神秘面纱，恢复它们的真实身份，还原当时的模样。据说大约4亿年前的古鱼类是那个地质时期地球上最高等的动物，最早的陆生脊椎动物是从它们的一支演化而来的，对古鱼类的研究对于了解脊椎动物的起源和演化以及陆生脊椎动物的起源都是不可少的中心环节。然而由于受化石材料的限制，这些存在已久的难解之谜仍在等待被破解。而中国是有可能提供关键化石证据的少数国家之一，朱敏就要在已经失落的世界里、在崇山峻岭中、在茫茫的戈壁滩上，努力地追寻古代生命演化的证据——化石，探究早期脊椎动物的起源与进化，填补生命演化"缺失的环节"。

为了寻找埋藏在地层中的化石，朱敏的野外考察足迹遍及我国西南、西北的大部分地区。20世纪80年代交通并不发达，朱敏吃尽了苦头，下了火车赶汽车，有时为了买火车票甚至要排一宿的队；由于化石一般在大山里，所以徒步行走是他的家常便饭。朱敏作为一个古生物学者，经过在大自然这个实验室里的不断磨炼，科研技艺日渐纯熟，职业的敏感度、判断力与鉴别力也日臻完善。

但寻找化石是一件可遇不可求的事情，并不是每一次上山都会有收获，更有甚者可能几代人的寻找都没有实质性进展。但是每当这个时候，朱敏总会想起当年裴文中先生在周口店，就是在即将收队的时候发现了北京猿人的头盖骨，这看似偶得，但实际在于他不懈的坚持。而被朱敏称为"一场偶遇"的那片斑鳞鱼的下颌骨，更像是上苍给予他的礼物。

1998年夏天，朱敏和大师兄两个人再一次来到云南曲靖翠峰山，他们一个山坡一个山坡地找，一个星期寻遍众山又翻遍原生层位，依然一无所获。最后那天中午，两人疲惫而沮丧，云贵高原的阳光又如刀锋一样刺眼，他们找了个水沟坐下来，闷闷地啃馒头。就在他们坐下来休息时，朱敏也没忘记职业般地搜寻。忽然，朱

朱敏寻找化石的情景

东渡码头再扬帆

敏的眼睛被水沟边上一块发亮的石头闪了一下,他下意识把馒头一把塞进书包里,小心地凑过去,拾起来——一小片深蓝色的骨片嵌在石间。他的心跳加快。这是什么?是下颌骨!斑鳞鱼的下颌骨!他顾不上兴奋,和大师兄继续沿河沟寻找。就是这次偶遇,使他们终于找到斑鳞鱼的原生层位。之后几年的发掘和研究,进一步证明了中国南方是肉鳍鱼类的起源中心。

1999年2月,他与大师兄合作在英国《自然》杂志上发表了一篇有关硬骨鱼类起源研究的论文,在业界反响强烈。英国自然历史博物馆演化生物学家阿伯格博士在同一杂志发表的评述文章称:"朱敏等所展示的原始硬骨鱼具有如此意想不到的特征组合,将使人们不得不重新审视脊椎动物演化树的主要区位:该鱼的发现对'辐鳍鱼类'和'肉鳍鱼类'的传统定义提出了质疑,这将对硬骨鱼类演化模式的解释产生重大影响。"硬骨鱼类是现生脊椎动物中种数最多的类群,分为两大支系,即辐鳍鱼类和肉鳍鱼类(包括四足动物、空棘鱼类、肺鱼类及其近亲)。朱敏他们研究的4亿年前的斑鳞鱼是迄今所知最早的具有完整的头颅和肩带遗骸的硬骨鱼,其特征组合很可能正是硬骨鱼类祖先的特征。这为解开硬骨鱼类起源之谜提供了重要线索,也激起国外同行对硬骨鱼类起源研究的浓厚兴趣。

如果说在野外寻找化石是件困难的事,那么把化石带回来修补更是一件需要耐心和恒心的事情。在朱敏的实验室里，修复化石的仪器桌上、地下，反正能放东西的地方都放着他从各地带回的化石。修复工作不仅是对古化石表面泥土灰尘等杂质进行清除，使化石的纹理显现出来，如果发现有残缺的或是长途运输造成的局部损坏，还要用石膏或其他材料对部分化石进行补全。由于年代久远，地球上又经过了剧烈气候及地质变化，实验室里许多带回来的鱼类化石早已支离破碎，鱼头、鱼身及鳞片都已七零八落，有的鱼骨片只有几毫米长。要把一条鱼完整地呈现，就只有修补。就拿一片鱼的颌骨来说，在两三厘米长的骨头上，不但要把牙床以及完整的牙齿修复再现，而且连牙缝也得清晰可见，修补后的小牙如芝麻般排列整齐。修补靠的是耐心，需要坐得住，朱敏的最高纪录是修了十几个小时。尽管如此，朱敏仍乐在其中。对朱敏来说，心情烦闷时，只要一修补化石就忘记了所有烦恼，仿佛进入了另一个世界。

"漂移的鼻孔"这一重大学术发现，就是在修补中"惊现"的。

内鼻孔是所有脊椎动物适应陆地生活至关重要的特征之一。鱼类如果想登上陆地也需要内鼻孔，那么它们的内鼻孔是怎么来的？是从外鼻孔进化的？还是天生的？这些问题在学术界一直争论不休。朱敏在他的显微镜下发现了"漂移的鼻孔"。

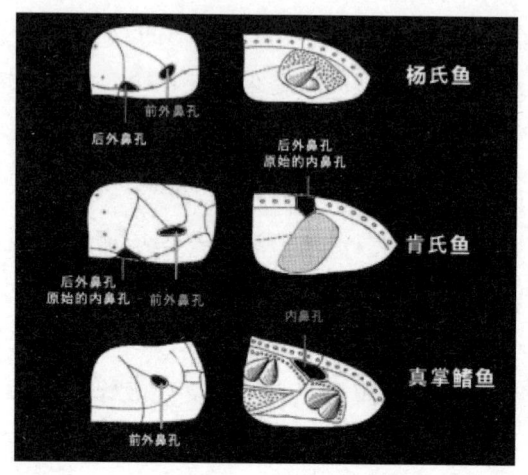

鱼颌骨化石"鼻孔"示意图

那天,在他的气动笔下,那一小片被修的头骨在逐渐显形。凭直觉他认为这块头骨和以前的有点儿不同,可到底哪里不同呢?显微镜下,那几寸大的骨片泛着幽蓝的微光;他唯恐一不小心破坏了标本,定了定神,扶一下眼镜,贴紧显微镜,深呼吸,继续修。终于——他看清了!他发现了!这条小鱼,它的颌弓是裂开的,就像有些小孩子的天生兔唇一样;它的颌骨中间有一个间隙。这是什么?是内外鼻孔之间的过渡之处吗?是鼻孔"漂移"的通道吗?他为自己这个大胆而天才的假设激动,要知道,对这个已争论了上百年的问题,任何一个与此有关的证据与假说,都有可能推动整个生物演化史的进程!后来,经过进一步证实和研究,结果表明他的猜测是对的！这条名为肯氏鱼的小鱼，正处于从外鼻孔向内鼻孔过渡的阶段，内外鼻孔本是同源。其后，相关成果在《自然》杂志上发表，同期发表评述文章的法国科学家让维尔博士称："这是一个已争论了上百年的问题，新的资料实际上给出了一个明确的答案。"

朱敏除了在硬骨鱼类起源与早期演化的研究中取得了突破性的进展，还对古生代鱼类各大主要门类都做了深入研究，并取得了一系列为国内外专家所公认的创新性成果。

2013年9月，朱敏带领团队在中国云南省古老的志留纪地层中发现了一条保存完好的古鱼，它来自4.23亿年前，只有20厘米长，有着盾皮鱼的身体，却有硬骨鱼才有的嘴巴。它在演化生物学上的重要意义，类似于始祖鸟、游走鲸和南方古猿等"过渡化石"。在这条名为"初始全颌鱼"的化石发现之前，演化谱系假定盾皮鱼和硬骨鱼、软骨鱼之间夹着棘鱼。而现在，这一点被推翻了，是盾皮鱼的一支演化出了硬骨鱼。如果戴上演化的"眼镜"看它，实际上就看到了人类全部脸部骨骼在4亿多年前最早出现时的样子。古脊椎动物学会副主席约翰·朗（John Long）教授撰文称，"对古生物学家来说，找到这条鱼就像物理学家找到了'上帝粒子'。这可以说是自始祖鸟，即第一块在恐龙和鸟类间架起桥梁的化石以来，最激动人心的化石发现之一"。

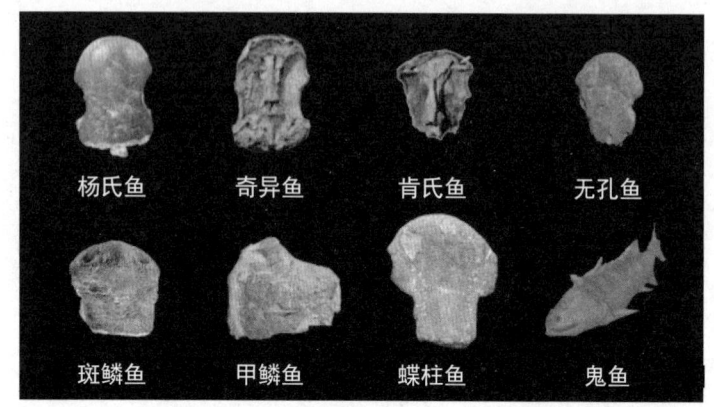

古鱼类化石

激动人心的成果还有很多。朱敏带领的研究组是世界级的明星团队，孔骨鱼、东生鱼、曙鱼、梦幻鬼鱼、长吻麒麟鱼等研究成果屡次刷新人类对进化的认知。但他从不用"打开了一扇大门"来形容自己的成就，而用"打开一扇窗，从窗里窥视生命的历史"来形容他们追溯人类过去漫长历史的探索活动。近年来，朱敏带领课题组致力于对硬骨鱼纲起源、早期演化以及鱼类登陆过程等的探索，并参与了对最早脊椎动物化石的研究，在硬骨鱼纲起源与早期演化、四足动物起源、盔甲鱼亚纲的形态学与系统学等研究项目上取得了多项突破性的进展。

朱敏先后在中国地质博物馆、法国巴黎自然历史博物馆、德国柏林自然博物馆和中国科学院古脊椎动物与古人类研究所从事研究工作。1999年获国家自然科学基金委杰出青年基金，2001年获中国高校科学技术奖自然科学奖一等奖（第五完成人），2002年获第六届中国青年五四奖章，2004年获中国青年科技奖并入选首批新世纪"百千万人才工程"国家级人选，2006年获中国青年科学家奖，2013年成为瑞典皇家科学院第三期阿特迪讲座的主讲嘉宾并获国家自然科学奖二等奖（第一完成人），2014年获何梁何利基金科学与技术进步奖，2016年入选国家"万人计划"领军人才、科技部重点领域创新团队负责人，2019年获中国科学院朱李月华优秀教师奖等奖项。

目前朱敏团队在志留纪鱼类化石发现上已经有了很多重大突破，他将更多精力放在"深骨"大数据平台建设上，这一项开拓性的事业，将为可持续发展大数据国际研究中心提供重要支撑。

肩负重任，勇挑研究所古生物发展的担子

正是凭着对科学严谨、求实的态度和创新的精神，朱敏在科研中取得了一系列具有国际前沿水平的创新性成果，为国家赢得了荣誉。1999年12月朱敏被推选为古脊椎动物与古人类研究所所长，成为中国科学院最年轻的所长之一。团结职工凝聚科学目标，以一流的创新成果增强研究所在国际上的竞争实力，深化管理体制的改

朱敏在第15届早期脊椎动物国际学术研讨会上发言

革,将研究所办成一个开放、流动、具有国际水准的国立研究所,成为朱敏领导的平均年龄只有37岁的所班子的中心任务。

中国科学院古脊椎动物与古人类研究所的前身是国民政府农矿部地质调查所新生代研究室,创建于1929年;中华人民共和国成立初期为全国地质指导委员会下属的新生代研究室。1953年改为古脊椎动物研究室,隶属中国科学院。1957年改为古脊椎动物研究所。1960年更名为古脊椎动物与古人类研究所至今。杨钟健、周明镇、张弥曼、邱占祥、邱铸鼎,这前五位所长在古脊椎动物与古人类研究方面的瞩目成就让身为第六位所长的朱敏深感肩上责任重大。研究所是我国目前唯一专门从事古脊椎动物学、古人类学、古环境学及相关生物地层学研究的学术机构，现设有四个研究室、一个研究中心和一个重点实验室，即古鱼类与爬行类研究室、古哺乳动物研究室、古人类与旧石器考古研究室、古环境演化研究室、周口店国际古人类研究中心和中国科学院脊椎动物演化与人类起源重点实验室。

  在研究方面，朱敏认为研究所有很多优势。首先，中国具有开展古生物学研究的得天独厚的地质条件，辽阔的国土上广泛发育从几十亿年前的太古代到近代第四纪地层，剖面连续完整，化石丰富多彩，堪称世界之最。如中国华北地区跨越25亿年的晚太古代和早、中元古代连续沉积岩层，中国扬子地台和新疆等地新元古代和早寒武世末的沉积岩石，等等。特别是近几十年来，我国古生物学家在地球早期生命起源与演化、澄江动物群和寒武纪大爆发、最古老的脊椎动物、早期脊椎动物起源、鸟类的起源、被子植物的起源、二叠纪与三叠纪之交的生物大灭绝、全球年代地层系统和界线层型等研究领域内取得了一系列具有重大国际影响的原创性成果，在国际古生物界引起强烈反响。其次，我国古生物学相对起步较早，有良好的国际合作传统和优势，早在20世纪20年代就开始与国际合作进行化石的寻找和研究，近几年国际合作更是不断加强。另一方面，随着现代生物学的快速发展，分子生物学和发育生物学的成果与古生物学的结合受到重视。分子生物学和发育生物学手段的介入，也为古生物学带来了一些新的发展方向。

作为所长的朱敏，提出了"注重基础，突出重点，永争第一"的研究所发展思路。在全所职工的共同努力下，研究所顺利进入中国科学院知识创新工程试点序列。2000年以来研究所的科技创新能力得到不断提高，学术水平不断提高，在国际学术界权威杂志《自然》和《科学》上共发表了30余篇论文，在国际学术界产生了重要影响，显示了研究所作为国立研究机构的综合实力。

从鱼到人，探源研究取得重大突破

包括人类在内，地球上现存99.8%的脊椎动物都具有颌骨（上颌与下巴），统称为有颌脊椎动物或有颌类。有颌类的出现与崛起是"从鱼到人"的脊椎动物演化史上最关键的跃升之一，人类的很多重要器官与身体构型都可追溯到有颌类演化之初。然而，这一跃升具体发生在何时、何地，又是如何发生的？这些问题需要古生物学证据来回答。然而，有颌类直到志留纪晚期（4.25亿年前）才出现较完善的化石记录，而分子钟推断的有颌类起源时间不晚于4.5亿年前的奥陶纪晚期，因此，有颌类的早期演化存在一段至少绵延三千万年、横跨整个志留纪的巨大空白。古脊椎动物学巨擘阿尔弗雷德·罗美尔曾经将其称为

"古生物学史上一个顽固存在的重大空白"。

由于这个空白的存在,尽管我们知道有颌类在志留纪已经存在,但对它们到底长什么模样,有多大,处于什么生态位,彼此之间如何演化等问题一无所知,甚至不能确定志留纪地层中发现的零星棘刺、鳞片是否属于有颌鱼类。化石实证的缺失使得有颌类的起源与崛起,这个脊椎动物演化史中最关键的跃升之一,过去一直笼罩在重重迷雾之中;有颌类在其出现的前三千万年里一直是一个"幽灵支系"。

近10年来,朱敏团队踏遍我国志留纪地层可能含鱼的200多个地点,终于在华南志留纪早期地层中发现"重庆特异埋藏化石库"和"贵州石阡化石库",发现大量特异埋藏保存的完整志留纪早期鱼类化石,找到了破解有颌类最初崛起与辐射分化之谜的钥匙。应用高精度CT、性状大数据分析、流体动力学模拟等新技术、新方法,团队首次向世界展示出最早有颌类的牙齿、头部、身体以及偶鳍的雏形等过去完全未知的最早有颌类身体结构与解剖学信息,为解答"从鱼到人"探源最初阶段的一系列重要科学问题提供了确凿证据,改写了有颌脊椎动物早期演化历史的各个方面。《自然》杂志于2022年9月29日以封面文章形式同期发表团队的4篇学术论文,集中报道了这批有关有颌类起源与最早期演化的研究成果。

"贵州石阡化石库"时代为兰多维列世（志留纪早期）埃隆期最晚期，约4.39亿年前，含有数量多、保存好的有颌类微体化石。其中，双列黔齿鱼的齿旋代表最古老的有颌类牙齿，将牙齿最早化石证据往前推了1400万年。而新塑梵净山鱼棘刺的发现显示，早在志留纪早期，原始软骨鱼类已经演化出典型的栅棘鱼形态，同时具有硬骨鱼类的组织学特征。上述进展也让奥陶纪、志留纪鱼类鳞片和棘刺化石分类位置的长期争论尘埃落定。

"重庆特异埋藏化石库"时代为兰多维列世特列奇期，约4.36亿年前，是目前世界上唯一保存志留纪早期完整有颌类化石的特异埋藏化石库，堪称"鱼类的黎明"。这是继澄江生物群、热河生物群之后，又一个在我国发现的、为探索生命之树演化重要节点提供大量关键证据的世界级特异埋藏化石库，将完整有颌类的化石记录往前推了1100万年，将若干人类身体结构的起源追溯到4.36亿年前的化石鱼类中。重庆特异埋藏化石库中发现的古鱼化石不仅数量众多、种类齐全，而且保存十分完整、精美，借此我们得以一窥志留纪初期脊椎动物特别是有颌类的全貌。

其中，无颌的盔甲鱼类灵动土家鱼为脊椎动物成对附肢起源提供关键化石证据；有颌的蠕纹沈氏棘鱼是迄今所知最早的保存完好的软骨鱼，确证了鲨鱼是从"披盔戴甲"的祖先演化而来。而另一种有颌鱼类奇迹秀山鱼则糅合了多个盾皮鱼大类的特征，为探究有颌类生命之树根部主要类群的起源，和脊椎动物头骨演化提供了珍贵资料。

"重庆特异埋藏化石库"和"贵州石阡化石库"的发现在古生物学史上意义重大，第一次大规模展示了志留纪鱼群特别是有颌类的面貌，揭示了早期有颌类崛起的过程：最迟到4.4亿年前，有颌类各大类群已经在华南地区欣欣向荣；到志留纪晚期，更多样、更大型的有颌类属种出现并开始扩散到全球，开启了鱼类登陆并最终演化成为人类的进程。对"重庆特异埋藏化石库"和"贵州石阡化石库"的化石研究，将很多与人类相关的解剖学结构追溯到4.4亿年前的远古鱼类，填补了"从鱼到人"演化史上缺失的最初始环节，更新了对有颌类起源与崛起的传统认知，进一步夯实了"从鱼到人"的演化路径。

国际古脊椎动物学会前主席、澳大利亚弗林德斯大学的John Long教授了解了朱敏团队的工作后，撰文称"这确实是令人惊叹、改变演化格局的化石发现，改写了有颌脊椎动物早期演化历史的几乎所有方面"。

可以预见，"重庆特异埋藏化石库"和"贵州石阡化石库"未来还将继续为解开围绕有颌类起源的重重谜团持续做出贡献。

古鱼博物馆，打造世界级的古鱼文化研究

曲靖，云南省辖地级市，位于云南省东部，素有"滇黔锁钥""云南咽喉"之称。

在古生物界，曲靖是一个响当当的名字。这个令无数古生物学家神往的地方，被古生物学界誉为"鱼的故乡""化石圣地"。上百年来，这里发现了上百种鱼类化石，数百种"走兽"。

建成曲靖古鱼王国博物院，是朱敏和他的老师张弥曼的心愿。1988年，正在攻读博士的朱敏跟随老师张弥曼院士来到曲靖，从此与曲靖结缘。此后的每年，朱敏都会来这里待上两三个月，埋头挖化石、做研究。

曲靖这片土地，深刻影响了张弥曼和朱敏的古鱼化石研究。在曲靖师范学院生物资源与食品工程学院，朱敏找到了可以做事的方向。2018年3月的一个晚上，对于生物资源与食品工程学院的部分师生及古生物学爱好者来说，是一个难忘的夜晚。在图书馆报告厅举办的"人类身体如何在进化中组装而成——来自精美的早期脊椎动物化石和高新技术的真知灼见"这场讲座，给很多人留下了深刻的印象。朱敏把澳大利亚古生物学教授John Long引荐到校开展这场讲座，他全程翻译。也就是在这场讲座中，曲靖师院2016级生物技术专业学生彭礼健"颠

覆"了对化石的认识，爱上了古鱼化石研究。如今，他是曲靖师院自然历史文化研究中心的一名科研助理。

除了John Long教授，还有中国科学院古脊椎动物与古人类研究所研究员徐光辉、澳大利亚国立大学博士Ajay等科学家，陆续在朱敏的引荐下，来到曲靖师院做学术讲座。一系列古生物学讲座的开展，为学生们打开了一扇"窥视生命历史的窗"。

在朱敏的大力推动下，曲靖师院开启了立足于曲靖这片土地上的古鱼化石研究。2018年5月，曲靖师院自然历史文化研究中心成立。曲靖师院自然历史文化研究中心成立后，在朱敏的牵头下，中国科学院为研究中心购买了三维重建计算机、三维重建软件、偏光显微镜、岩石切片机、岩石抛光机、化石前处理及拍照设备等价值上百万的科研设备。在朱敏的引荐下，2018年9月，英国伯明翰大学博士后Plamen作为外籍研究学者，与曲靖师院签订协议，到校开展工作。这是曲靖师院引进的第一位专职外籍研究学者。"惜才"的朱敏，希望引荐更多人才来到这片土地，王建华、王浩瀚、马昕莹等博士也在他的引荐下来到这里。

曲靖古鱼王国博物院揭牌

2021年3月,曲靖古鱼王国博物院揭牌,7月建成,古鱼化石的科普基地终于由自然历史文化研究中心的一间办公室,发展成为总面积1200多平方米,包含实验室、展览室及化石储藏室的博物院。2021年6月,曲靖师院联合曲靖市人民政府,邀请联合国教科文组织世界地质公园理事会副主席、中国地质大学(北京)张建平教授,到曲靖考察、申报建设"珠江源联合国教科文组织世界地质公园"项目,朱敏全程陪同考察。

西屯动物群、潇湘动物群、寥廓山、珠江源海口生物群的古鱼化石资源不断被发现和保护……新中国几代古鱼类学家"接力",用近半个世纪的时间在崇山峻岭寻找,让曲靖这个全球独一无二的"古鱼王国"走向了世界。"传承是最好的守护",加速推动这份全球志留纪—泥盆纪古生物化石中最珍贵的自然遗产进入"世界自然与文化遗产名录",是朱敏和曲靖师院"一拍即合"的愿景。

"二哥每次回家都背着笔记本,没有休息日的概念。他把大部分时间都花在科研工作上,也经常到野外,去得最多的地方是云南曲靖。"朱敏的妹妹朱海红说,"这些年,哥哥走遍了曲靖的每座山头,一块在山沟里捡到的石头他都视若珍宝。"

立德树才,不断推动学生前行

古生物学是一个历史继承性很强的学科,古生物学科的研究,主要是以化石为研究对象,通过野外地质工作找寻和发现化石,收集相关信息;回到室内,技术人员整理和修补化石,研究人员对化石进行研究、对比以及有关测试、实验等工作,最终完成结论。它不像信息科学等新兴技术,可以在短短几年内迅速发展起来。对古生物学来说,历史积淀的深厚程度,对其发展的态势有着重要的影响。"科学研究不会直接创造效益,甚至短期内看不到效益。可是,我们不能因为这些而放弃研究和追求。"谈及科学研究,朱敏一再强调做科学不仅要有严谨的态度,还要有耐得住寂寞的精神。

朱敏认为中国古生物学研究近几年的快速发展与几

代人不懈的努力是分不开的。他时刻没有忘记对后备人才的培养,在培养人才上非常重视学生的综合能力。朱敏认为,人类认识自然界、认识地球和它的历史及了解人类自身的起源与发展,需要具备很多基础知识,这些知识具有很强的逻辑性、哲学性和思想性。选择研究生时,他会看学生是否具有一定的数学专业知识,因为古生物研究需要有逻辑推理能力,其中许多假设命题需要推理、需要证实,如果没有一定的数学逻辑思维,很难出成果。

朱敏在给学生上课

在美国,搞古脊椎动物研究的有上千人,搞进化论、古生物研究的人则更多。相比之下,我国在这些研究领域还有很大的发展空间和潜力。朱敏去北美、欧洲考察时,发现很多青少年对古生物学如痴如醉。中国在日本进行"恐龙化石展",朱敏看到观众对恐龙化石非常痴迷,顿时感觉自己有责任进行科普教育。

担任研究所所长期间,朱敏每年都要拿出一部分资金挑选优秀大学生参加科技夏令营,加强对青少年进行科学思想和科学方法的教育。建立了与研究所融为一体、开放式的中国古动物馆。1998年1月,他创办了"小达尔文俱乐部",结合中国古动物馆的学科特点,聘请研究所的专家举办科普讲座,并组织中小学生进行地质古生物学野外实习考察,参与样品筛选、化石修理、装架以及标本模型制作等科学活动,使学生通过亲身实践,在一定程度上启发科学思想,了解科学过程,掌握科学方法。

在学生眼中,朱敏永远都是那个会不断推着学生往前走的人。为了能给学生更多帮助,他总是"走在学生前面"。古生物化石的门类太多,朱敏就为学生"量身定制",建了一个有4万余篇文献的数据库供学生学习,"一对一"为每一位学生提供帮助。他对学生用心的程度,对学术的严谨程度,令每一位学生感动。不管是作为导师指导论文写作,还是作为通讯作者参与论文优化,朱敏都会认真仔细地修改,精确到每一个文字、每一个标点、每一篇参考文献。曲靖师院自然历史文化研究中心的李强至今还清楚地记得,自己读博士后的第一篇论文,朱敏老师改了65稿。

东渡码头再扬帆

朱敏及其团队在野外考察

曲靖师院的很多学生来自农村，家庭经济条件不好。朱敏就从中招收相关专业的学生参与处理化石材料，自己从课题经费中拿出钱来，作为报酬发给这些学生。一次，学生向他"吐槽"："有个应征的学生居然连计算机都没见过，教他学会三维建模得多长时间啊？"朱敏轻轻地说："那就慢慢学吧。"刚刚毕业的学生没找到工作，朱敏也会让他们先到实验室来工作一段时间，帮他们解决"燃眉之急"。

"要么工作，要么读书"是学生李强对朱敏的印象。朱敏热爱并享受工作，工作于他而言，是工作，也是休息，所以即便是节假日，他依然在工作。如果要给朱敏画像，那这幅画有三种可能：研究化石的朱敏，野外考察的朱敏，捧着一本书的朱敏。

"不要去计较什么，埋头苦干就行了。"这是朱敏常常挂在嘴边的一句话。他常告诉学生"埋头苦干，只争朝夕"。

作为一位科学家，朱敏在学术上处于古生物研究的最前沿，待人接物、吃穿住行总怀着最质朴的情感。在野外寻找化石，他最喜欢一个馒头、一瓶水。在曲靖师院，他最喜欢的美味是米线，一碗米线令他很畅快，同时也节省了时间来做科研。

朱敏身上有一种温厚的吸引力，跟他接触的人都觉得他是一个"很好的聆听者"，低调而谦和。在寻找和保护化石的过程中，朱敏会和山里的农民打交道、一起喝酒，"千杯不倒"的他和农民"打成一片"。

"为什么我的眼里常含泪水？因为我对这土地爱得深沉……"这是诗人艾青的一首诗，用这句诗来形容朱敏，再恰当不过了。这是一位科学家和"古脊椎动物与古人类研究学"之间最久远、深厚的情谊。

樊春海：
只要努力，一定可以做到最好

> 樊春海（1974— ），江苏张家港人。生物化学家，2011年任科技部重大科学研究计划（纳米）首席科学家，获第十一届中国科学院杰出青年奖。2019年当选为中国科学院院士。

"作为一个化学家，我主要想的是我们能不能合成出新的物质，创造出自然界所没有的东西，我们可以看下面一排的东西，它们实际上是化学家创造出的新的核酸形态，有各种四面体的，有笑脸的，等等，某种程度上已经超越了自然界的形态。"在2019年底举行的"院士Talk"首期活动上，新晋中国科学院院士樊春海一开场提出的"有关DNA可以重新塑型的说法"引发了大家的好奇心，他以自己徜徉于学科交叉界面的科研经历讲述了当代科学家是怎样"致敬未来"的。

科学技术进步对经济社会发展的巨大推动作用是毋庸置疑的，而这些科技成果背后都有着相似的单调与枯燥，让我们一起走近自称为"学而知之者"的樊春海院士的学习之路……

学而知之，品质培养很重要

樊春海1974年3月出生于江苏省张家港市，1986年毕业于张家港市实验小学，1989年毕业于张家港市第二中学，同年考入江苏省梁丰高级中学学习。在梁丰高中学习的三年，对樊春海影响最大，这里不仅有优良的学风、师资，更重要的是，三年的高中学习生活，为樊春海树立一个信念：只要努力，一定可以做到最好。

江苏省梁丰高级中学的前身是创办于清光绪年间（1894年）的梁丰书院，是江苏省首批四星级高中、江苏省首批高品质示范高中立项学校；学校秉承"品端成梁，学粹至丰"的理念，执着"为国植贤，追求卓越"的精神，跨越3个世纪薪火相传。樊春海是继吴中伟、童秉纲、曹楚南、章申之后，梁丰高中第5位获评两院院士的校友。

在梁丰高中，樊春海所在的班集体非常优秀，学风浓郁，师资雄厚，同学努力，学习讨论激烈，樊春海从同学身上学到了很多。樊春海虽然不是班级里最出色的，但他始终坚信跟着老师走、跟着班集体走，通过努力，一定可以取得成功。事实证明，樊春海的信念是正确的，高考时樊春海所在的学校包揽了苏州市前三名，其中有2人就在樊春海所在的班级。

有些人是生而知之，有的人是学而知之。樊春海认为，自己是属于学而知之的类型。"只要努力，一定可以做到最好！"梁丰高中三年的学习生活经历，为樊春海积累了人生中最宝贵的一笔财富。每当在生活、科研中遇到困难时，只要一想起这些，樊春海就会立马拥有强大的信心和勇气。

关于学习，樊春海觉得品质的培养非常重要。学校里面传授的知识非常有限，且这些知识也在不断更新换代，很难说在学校学的具体知识自己能够一辈子用下去，但是学校对人精神品质的培养和塑造却能影响人的一生，比如遇到困难不气馁、奋发向上、乐观坚强等。不懂的事情可以学，但是如果没有坚持、好学的精神，就没办法成长。人生不可能一帆风顺，每个人的发展过程中都会有很多坎坷，但最重要的是面对困难能坚持不懈。如果觉得学霸、学神是天生的，自己就算再努力，也永远都跟不上，倘若这样自我放弃，就不会有好的成绩。反之，如果以他们为榜样，跟着他们的思路走，然后去克服困难，那么在学习上完全可以有所突破。同样，在事业上遇到困难时，多思考，多向周围优秀的人学习，就会迈过很多坎，达到新的人生高度。

学科交叉，用兴趣引领成长

1992年，樊春海高考报考了南京大学生物化学专业。

"当时选择生物化学很盲目，一点也不了解。"樊春海在谈及自己的择业经历时回忆说，"高中时喜欢化学，但觉得单纯学化学会到化工厂一类的公司工作，因此就选择了和生物学交叉的生物化学。"

1992年9月，樊春海成为南京大学生物化学系的一名本科新生。当时南京大学生物化学系有著名的百岁教授郑集先生，以及我国生物制药技术研发的开拓者之一和肝素、尿激酶工业的创始人朱德煦先生等知名学者。"学不好化学，就做不好生物化学"，这是当时系里的口号。在此背景下，化学系陈洪渊先生的分析化学博士李根喜成了朱德煦先生的博士后。陈洪渊先生是我国著名的分析化学家，中国科学院院士，生命分析化学概念的倡导者和生命分析化学国家重点实验室的创始人，也是著名的教育家，桃李满天下。2015年，陈洪渊先生被授予国际Nature集团杰出导师终身成就奖。

1996年，李根喜留在生物化学系任教，本科即将毕业的樊春海恰好进入实验室做毕业设计，于是他便跟随李根喜老师攻读研究生。两年后，由于表现出色，樊春海在李根喜、朱德煦、陈洪渊老师的帮助下得以硕博连读。樊春海在早期的科研生涯中就幸运地得到了朱德煦、陈洪渊两位老师的指导，从两位学术大师在生物化学和分析化学两条学术传承线的交叉点上起步。他在研究生期间从事的电化学生物传感器研究延续至今，20余年来始终为其实验室的研究主线之一。

在南京大学读书期间，国内的科研条件还十分有限，整个南京大学也只有樊春海的老师陈洪渊先生曾在美国《分析化学》杂志上发表过论文。因为南京大学对博士研究生有将研究成果发表在国际学术期刊的毕业要求，所以能够在该杂志发表论文也是樊春海的梦想。和所有的分析化学工作者一样，樊春海为了自己的梦想不懈奋斗。最终，他以第一作者的身份在美国《分析化学》杂志上发表了论文，实现了自己的梦想。理想远大和好高骛远完全是两码事，樊春海十分清楚这个道理。在跟随导师学习期间，他从未浪费过时间和精力，听从恩师的教诲，打下扎实的学科基础，累计发表8篇学术论文，并且做到了博士提前一年毕业。这一切成果的取得都得益于他专心和踏实做事的优秀品质。

坚守初心，潜心科研创伟业

2000年，樊春海于南京大学生物化学与分子生物学博士毕业后，李根喜老师建议他留校工作，等有了基础再考虑出国学习。听从老师的建议之后，2000年7月樊春海留校工作，担任南京大学生命科学学院教师。2000年10月，瑞典皇家科学院将2000年诺贝尔化学奖授予了美国科学家艾伦·黑格、艾伦·马克迪尔米德和日本科学家白川英树，三位开创了导电高分子领域的教授。樊春海偶然阅读到《先进材料》杂志关于黑格教授的一个专访。专访中黑格教授表示，在获奖后希望做一些以往不敢做的事，比如生物学，还特别提到生物传感是最重要的一件事情。这使樊春海受到极大的鼓舞，鼓足勇气向黑格教授申请博士后并获得认可。

2001年8月，来到风景秀丽的加州海滨城市圣巴巴拉之后，樊春海才发现黑格居然是物理系教授，而且黑格也始终认为自己是物理学家。一位物理学家获得了诺贝

2001年樊春海访问加州大学圣巴巴拉分校黑格教授

东渡码头再扬帆

尔化学奖,然后开始做生物学,这使樊春海感到非常震撼。从此,樊春海便开始了在美国近3年的博士后研究工作。在美期间,他师从黑格教授,进行生物传感器方面的研究。

很多年后,黑格教授在中国的一次演讲中谦虚地说:"我当时对生物一窍不通,连DNA分子这样最基本的知识都是樊春海教我的。"然而,在黑格实验室的博士后经历,使樊春海从一个初出茅庐的年轻研究者一下跨入了学科交叉的前沿。"黑格教授给我留下的最深印象是看问题的眼界非常开阔,而且他特别推崇学科交叉。"樊春海说。

在黑格实验室工作期间,繁杂的科研工作曾让樊春海一度感到应接不暇。他找到黑格教授,向他请教如何在复杂多变的形势下做事。黑格教授很干脆地说:"很简单,你就挑最重要的事情做。"简单的一句话为樊春海开辟出一条清晰的道路。"这句话让我记忆犹新,对我的影响也最大。"在黑格教授指导下,樊春海陆续取得了一些研究进展,相关研究工作在《美国科学院院报》和《美国化学会志》等权威杂志上发表。其中,他们发展出了一种被命名为E-DNA的电化学DNA生物传感器,得到了国际同行的广泛好评。美国化学会将其评为2003年重要化学进展之一,《生物技术趋势》杂志连续发表2篇评论论文对其进行点评,其中一位评论作者即

2019年新任《科学》杂志主编的H. Holden Thorp教授。

回国发展，构筑纳米世界

博士后的工作经历极大地拓宽了樊春海的眼界，也坚定了他从事学科交叉研究的信心。当时国内正处于学科建设的起步阶段，需要大量新生血液。2004年1月，樊春海在中国科学院"百人计划"资助下加入了中国科学院上海应用物理研究所。

入职答辩的那一天，正值研究所承担的上海同步辐射光源项目在历经10年艰辛筹备期后获批。这是当时中国最大的科学研究设施，可谓举世瞩目，樊春海也恰逢此时决定选择应用物理研究所。在"上海光源精神"的引导下，这一国际先进水平的同步辐射光源项目仅用5年时间即落成。而这5年也是樊春海从零开始，白手起家建设实验室的5年。

2009年，《自然》杂志以《中国进入世界级同步辐射俱乐部》为题刊登了专题文章。

深受"上海光源精神"鼓舞的樊春海希望能做出同样具有国际影响力的研究工作。研究所的李民乾先生和胡钧研究员是国内纳米生物交叉研究的早期探索者，在他们的指导和帮助下，樊春海结合自身在DNA研究方面的背景，逐渐明确了以DNA纳米技术为抓手来形成研究特色的目标。DNA纳米技术是利用DNA分子卓越的自组装和识别能力，将其作为一种纳米材料，进而实现精确的纳米构筑的一种方式。

2006年，樊春海、胡钧与上海交通大学的贺林院士等合作，共同创制了由DNA分子组装而成的纳米尺度"中国地图"，并发表于《科学通报》中英文版。这成为"DNA折纸术"这一前沿交叉领域中第二个发表的成果，并以中国特色的形象在国际上亮相。经过多年积累，樊春海团队发展了DNA自组装结构诱导纳米尺度精准矿化的新方法，在保持DNA纳米结构精巧设计的前提下显著提升其力学性能，为仿生纳米孔道的构建与分析应用打开了新的大门。该成果于2018年在《自然》杂志发表。

樊春海并没有满足于仅仅用DNA来制造漂亮的纳米图案，而是始终想着如何将纳米思维引入生物传感研究中，希望通过DNA纳米技术来提升生物检测的性能。不忘初心，方得始终。在不懈的探索中，他们团队于2010年实现了突破。针对界面生物分子识别的复杂性挑战，樊春海独辟蹊径地提出将DNA四面体结构用于电化学传感界面的调控，建立了"先组装，后检测"的框架核酸传感新方法，突破了界面限域组装与识别的难题，对促进生命分析化学的发展做出了贡献。

感知生命,为健康保驾护航

或许是对当年求学时科研条件的艰苦深有感触,在生命分析化学领域不断取得突破的樊春海一直在努力推动国内与国外学术界的交流,他希望能够给年轻的化学分析工作者们创设更为有利的科研环境。

为了推动国内DNA纳米技术领域的发展,樊春海与学术界同行积极开展国际交流,努力在国际学术界发出来自中国的声音。自2009年起,他与刘冬生、王树教授创办了"DNA纳米技术国际研讨会"系列活动,吸

樊春海与DNA纳米技术领域奠基人西曼教授合影

引了包括DNA纳米技术领域之父西曼教授在内的一批顶级学者参加。2017年，他专程赴美国参加在奥斯汀得克萨斯大学举行的第23届DNA计算与分子编程国际会议（"DNA23"）。这是该领域内最重要的国际学术会议之一，他作为中国代表发表演讲并承接了中国举办第24届的任务。他与唐波、刘冬生教授作为共同主席于次年举办了"DNA24"，该次大会被会议执行委员会赞誉为规模空前的巨大成功。

基于研究所的科研基础和对国际学科交叉动向的领悟，樊春海、胡钧、黄庆等在上海应用物理研究所领导支持下，于2008年组建了物理生物学研究室（物理生物学所级重点实验室），樊春海担任研究室主任。物理生物学是利用新近发展起来的物理学新概念和先进技术，以化学为桥梁，将生物学建立在定量基础之上的新兴前沿交叉学科。物理生物学研究室则是该交叉学科领域里国内第一个成建制的研究单元。物理生物学研究室的建立为充分利用上海同步辐射光源等先进物理手段并开展多学科合作打开了局面。

两相交界的表界面是物质、能量交换和信号转化的场所，也是常规手段难以研究的区域。特别是，界面上的微量生物分子往往难以探测，更难确定其分子构象和取向。物理生物学研究室系统研究了生物分子在宏观及纳米尺度上与无机材料界面的相互作用，并利用同步辐射等先进表征技术，深化了对传感界面上生物分子吸附、组装和识别等物理化学过程的理解。他们通过对界面的功能设计与调控，显著提高了生物传感过程中的生物分子识别能力；通过界面共组装精确调控了蛋白质、DNA等生物分子及细胞在宏观和纳米界面上的吸附和可控耦联，从而显著提高了生物传感过程中生物分子的识别效率，并建立了生物传感识别与生物检测性能之间的关联。相关成果总结为《生物分子界面作用过程的机制、调控及生物分析应用研究》，并于2016年获得国家自然科学二等奖。

物理生物学研究室不仅可以充分利用同步辐射这样的先进科学装置，更有机会组建融合物理、化学和生物于一体的多学科研究团队。这种独特的学科交叉研究氛围不仅能够快速推进生物传感研究，而且能够拓宽更多前沿的研究方向。樊春海团队近年来更是将体外检测的生物传感探针应用到细胞内部，致力于发展框架核酸细胞成像技术。他们还依托上海光源，在国家自然科学基金委重大仪器研制项目的支持下自行研制显微镜，积极推动活体分析和脑成像研究。《自然化学》杂志在2019年以《化学求索之路》为题刊登了纪念创刊十周年的专题论文，樊春海作为全球50余名受邀作者之一提出了化学领域的挑战性问题："一个令人激动的学科前沿是理解人工设计的核酸结构如何在活细胞和动物体内组装并发挥作用。创造新的工具来控制活细胞内的天然和人工核酸分子的组装过程,将有可能为核酸化学领域带来革命性的变化,从而推动纳米诊疗和精准医学的发展。更长远考虑的话,另一个大有可为的研究方向是探索和发展具有人工智能的DNA或RNA机器人,并在动物和人体内工作。"

2018年4月,樊春海以王宽诚讲席教授身份正式加盟上海交通大学化学化工学院。在学校和学院的全力支持下,樊春海以新落成的转化医学国家重大科技基础设施为基地建设"框架核酸设计与纳米医学诊疗"实验室,这是新起点,也是新征程。樊春海希望在20余年从事生物传感基础研究的基础上,将发展起来的核酸分析新方

樊春海在实验室操作自行研制的超分辨荧光显微镜

法在实际临床中进行转化和应用。特别地，他得到了上海交通大学医学院分子医学研究院院长谭蔚泓院士的鼎力支持，在仁济医院积极与临床医生开展合作，尝试将生物传感器用于前列腺癌早期预警，并探索发展低成本医疗检测的可能。他们希望有一天这些基础性研究工作能真正被应用起来，为"感知生命"提供便利，为人民健康保驾护航。

"目前拥有可用于治疗的DNA纳米机器人仍是一个梦想。我个人认为总有一天，我们会有基于DNA的机器、基于DNA的自组装机器、基于DNA的纳米机器人，用来治疗人体内的疾病，从而改变人们对疾病以及对治疗学的看法。"在2020年11月1日举行的第三届世界顶尖科学家论坛科学前沿话题讲堂上，中国科学院院士、上海交通大学化学化工学院王宽诚讲席教授樊春海就DNA制成的纳米级机器人做了专题报告，表达了其对DNA机器人治疗疾病的乐观设想。

樊春海介绍，经过20年的发展，现在已经可以通过DNA折纸技术来制作想要的任何形状。应用DNA框架结构来制造智能纳米机器人是一个不错的选择。目前，樊春海团队通过DNA组装技术制造了被嵌入程序并行、深度优先搜索程序的智能DNA导航器。这意味着DNA机器或DNA机器人可以在二维DNA表面工作，并具备了智能执行详尽绑定任务的能力。在最新的研究中，樊春海团队开发了对化学或生化刺激有反应的智能DNA纳米机器人。不过，尽管机器人已经成功地被放入微细胞和活细胞中，但它们是否能在细胞内正常工作仍然未知。

个人成长，优秀集体很重要

樊春海总是感念集体的力量，无论是中学、大学的学习生活，还是科研工作，他认为，优秀的集体能够帮助个人的成长。

樊春海认为，自己在中学里一直并不是最优秀的学生，自己是"学而知之者"，不是"生而知之者"。读高中时，班里的好多同学都很优秀，大家能融洽、平等地讨论，形成浓郁的学习氛围，在老师们的敬业指导下，每个人都不断成长，不断进步。最终全班同学在高考中交出了优秀答卷。

在科学研究工作中更是有这样的集体明星效应，比如著名的卡文迪许实验室，近百年来培养出的诺贝尔奖获得者已达20余人。"所以科学研究从来都不是单打独斗，集体的进步离不开每个人的努力，个人的成长也离不开一个优秀的集体。"樊春海说。

20世纪初，我国大学科研条件还比较艰苦，信息也没有现在发达，能够在美国《分析化学》杂志发表论文是很多中国分析化学工作者的梦想。当时樊春海在导师们的指导下，经过努力，以第一作者的身份在《分析化学》发表了论文。

2006年起，樊春海在DNA领域取得的成绩离不开团队的支持；加盟上海交通大学化学化工学院后，樊春海一系列工作的开展也得到了上海交通大学医学院分子医学研究院院长谭蔚泓院士的鼎力支持，在仁济医院积极开展临床合作，尝试将生物传感器用于前列腺癌等实际临床样本的检测，并探索发展低成本医疗检测的可能性。

科普工作，其实是一种传承

交流、合作促进了樊春海的科研工作，也让他结识了九三学社上海市委副主委、中国科学院上海分院委员会主委李昕欣，九三学社这个大家庭的温暖，以及其主张的爱国、民主、科学的精神吸引了他。2014年，他加入九三学社。

入社后，樊春海担任了九三学社上海市委科普工作委员会副主任，尽管科研工作繁忙，但他依然挤出时间从事科普工作。科普工作其实是一种传承，无论是对未知世界的探索还是对国家科技发展的推动，都要靠一代代人的努力；但是科学研究的理念与中小学课本教育并不完全一样，我们的科普工作不是对课本知识的简单强化。

在他心中，兴趣是分层次的，中小学生的兴趣往往是在课本知识上，对已知世界知识的运用上，而真正的科学人才需要葆有对未知世界探索的兴趣，要在他们小小的心灵播撒科学的种子，未来还需要做很多工作。

工作之余，樊春海不仅多次参加九三学社组织的市民修身大讲坛，还亲赴家乡张家港，为梁丰初中、梁丰高中的孩子进行各类科学讲座。在培育人才方面，樊春海仍然踏踏实实育人。他指导的研究生多次获得全国优秀博士论文提名奖、中国科学院优秀博士论文等荣誉。2008年，他获得了中国科学院优秀研究生指导教师奖。

如今，樊春海依然在求索之路上不断前行……

不忘桑梓，回乡献智助发展

2021年3月2日下午，"樊春海院士拔尖创新人才培养工作室"成立仪式在江苏省梁丰高中报告厅举行。这是继2018年梁丰高中与上海交通大学签约"拔尖创新人才早期培育合作项目"，共同建设梁丰科学院之后，张家港市在拔尖创新人才早期培养上的又一重大举措。中国科学院院士、上海交通大学讲席教授、转化医学研究院执行院长樊春海，张家港市人民政府副市长王松石，张家港市委教育工委书记、市教育局局长杨志刚，张家港市委组织部人才工作科科长陶纪元，梁丰高级中学校长谈雅琴出席成立仪式。仪式由张家港市教育局副局长钱洁雅主持。张家港市人民政府副市长王松石和樊春海院士共同为"樊春海院士拔尖创新人才培养工作室"揭牌。

"作为张家港人、梁丰校友,能够为家乡、母校做一点贡献,我感到非常高兴。正如学校横幅上写着的'大力弘扬张家港精神,聚焦聚力高品质发展',我想'高品质发展'必定来源于高水平拔尖创新人才。'樊春海院士拔尖创新人才培养工作室'的成立,离不开张家港各级领导的关心与支持,今后我将尽我最大力量,为港城基础教育培养更多拔尖创新科研人才,力争为港城高质量发展走在前列做出新的更大贡献。"揭牌仪式上,面对家乡父老,樊春海院士这样表态。

王松石和樊春海共同为"樊春海院士拔尖创新人才培养工作室"揭牌

"樊春海院士拔尖创新人才培养工作室"的成立，旨在以樊春海院士为主，组织一批科学家以及科学家团队，以优秀教练员培育、"强基计划"优选、"高端竞赛"攀登等项目为纽带，开展师生专项培育工作，探索基础教育与高等教育贯通培育机制，指导张家港市基础教育拔尖人才早期培养工作。工作室的成立，将为张家港市教育带来更多先进理念、前沿信息、学术动态、科研方法，对张家港市做好创新型人才培养具有重要指导意义。

樊春海说，人有天才和普通人之分。生而知之，是为天才；学而知之，是为普通人。在学习中，要保持好奇心、责任心，不忘初心；要敢于探索未知领域，坚定理想信念；要以张家港精神不断激励自己，敢于追逐，勇于担当，不负青春！只有脚踏实地，用百折不挠的勇气和与时俱进、时不我待的精神，发愤图强，才能取得好的成绩。

后　　记

　　张家港，是一座新兴的港口工业城市。尽管如此，这并不影响她悠久的历史文化。早在8000年前，张家港境内的南部地区就有人类活动。商末，属勾吴之地。春秋时期，属吴国延陵郡。秦代，属会稽郡。汉高祖五年，建毗陵县暨阳乡。晋代，置暨阳县。南朝梁代，在暨阳之墟建梁丰县。唐代以后，分属常熟、江阴两县。清代至民国，常通港以北属南通县。抗日战争时期，中国共产党曾在北部沿江地区建立沙洲县，在南部及常熟、江阴两县的边界地区设立虞西县。中华人民共和国成立后，东部属常熟县，西部属江阴县。1962年，常熟划出14个公社和常阴沙农场，江阴划出9个公社，建立沙洲县，隶属于苏州地区。1986年9月，经国务院批准，撤销沙洲县，以天然良港张家港命名设立张家港市，隶属于苏州市。

　　千百年来，张家港这块锦绣江南的膏腴土地就有重教兴学、读书上进之风，孕育了众多名贤俊杰，积淀了丰厚的历史文化底蕴。《杨舍堡城志稿》曰："步趋圣贤，砥砺名节，士之上者也；修身好学，士之次者也；能文知名，士之下者也。"据史料记载，自唐宋至清末，境内名门望族簪缨不绝，名宦辈出，张家港至少出过2名状元、1名榜眼、4名探花，100多名进士。

《东渡码头再扬帆》一书记录了张光斗、钱人元、吴中伟、童秉纲、曹楚南、章申、薛永祺、吴培亨、朱敏、樊春海等10位张家港两院院士的成长事迹，以图片和文字的形式展现了他们学习成长的经历以及在全国各地扬帆起航、砥砺前行，用爱国情怀和奉献精神为国家科技发展缔造传奇的精彩故事，阐述了为学、成功和为人之道。

张家港市鹿苑境内的东渡码头——古黄泗浦，是唐朝高僧鉴真大师第六次东渡日本成功的起航地，如今已成了中日友好的源头，"东渡码头"也成了张家港的地标，是成功和吉祥的象征。以《东渡码头再扬帆》为书名，目的是希望我们身边的每一个人，无论是在学习、生活中，还是工作中，都能弘扬这种"不畏艰难、顽强拼搏、矢志不渝"的东渡精神，事业有突破、生活更美好。

每一位院士都是一个榜样，每一个故事都是一座灯塔，希望这本书的出版、发行能向社会传递三种力量，那就是：自强不息、永不衰竭的上进心，坚守信念、乐观向上的坚毅力，实现价值、奉献社会的执着性。希望这三种力量能给大家的学习、生活、工作带来帮助！

周成新
2023年3月1日

参考资料

[1]纪顺俊.苏州院士[M].上海：文汇出版社，2013.

[2]王光纶.情系山河：张光斗传[M].北京：中国科学技术出版社，2014.

[3]张家港市政协文史委员会、张家港电视台共同制作的文史纪录片《张家港骄子》（第一季）.